BIELORRUSSO
VOCABULÁRIO

PALAVRAS MAIS ÚTEIS

PORTUGUÊS
BIELORRUSSO

Para alargar o seu léxico e apurar
as suas competências linguísticas

5000 palavras

Vocabulário Português-Bielorrusso - 5000 palavras
Por Andrey Taranov

Os vocabulários da T&P Books destinam-se a ajudar a aprender, a memorizar, e a rever palavras estrangeiras. O dicionário é dividido em temas, cobrindo todas as principais esferas de atividades quotidianas, negócios, ciência, cultura, etc.

O processo de aprendizagem, utilizando os dicionários baseados em temáticas da T&P Books dá-lhe as seguintes vantagens:

- Informação de origem corretamente agrupada predetermina o sucesso em fases subsequentes da memorização de palavras
- Disponibilização de palavras derivadas da mesma raiz, o que permite a memorização de unidades de texto (em vez de palavras separadas)
- Pequenas unidades de palavras facilitam o processo de estabelecimento de vínculos associativos necessários para a consolidação do vocabulário
- O nível de conhecimento da língua pode ser estimado pelo número de palavras aprendidas

Copyright © 2019 T&P Books Publishing

Todos os direitos reservados. Nenhuma parte desta publicação pode ser reproduzida, total ou parcialmente, por quaisquer métodos ou processos, sejam eles eletrónicos, mecânicos, de fotocópia ou outros, sem a autorização escrita do editor. Esta publicação não pode ser divulgada, copiada ou distribuída em nenhum formato.

T&P Books Publishing
www.tpbooks.com

ISBN: 978-1-78400-912-0

Este livro também está disponível em formato E-book.
Por favor visite www.tpbooks.com ou as principais livrarias on-line.

VOCABULÁRIO BIELORRUSSO
palavras mais úteis

Os vocabulários da T&P Books destinam-se a ajudar a aprender, a memorizar, e a rever palavras estrangeiras. O vocabulário contém mais de 5000 palavras de uso comum organizadas tematicamente.

O vocabulário contém as palavras mais comummente usadas
Recomendado como adicional para qualquer curso de línguas
Satisfaz as necessidades dos iniciados e dos alunos avançados de línguas estrangeiras
Conveniente para o uso diário, sessões de revisão e atividades de auto-teste
Permite avaliar o seu vocabulário

Características especias do vocabulário

- As palavras estão organizadas de acordo com o seu significado, e não por ordem alfabética
- As palavras são apresentadas em três colunas para facilitar os processos de revisão e auto-teste
- As palavras compostas são divididas em pequenos blocos para facilitar o processo de aprendizagem
- O vocabulário oferece uma transcrição simples e adequada de cada palavra estrangeira

O vocabulário contém 155 tópicos incluindo:

Conceitos básicos, Números, Cores, Meses, Estações do ano, Unidades de medida, Roupas & Acessórios, Alimentos & Nutrição, Restaurante, Membros da Família, Parentes, Caráter, Sentimentos, Emoções, Doenças, Cidade, Passeios, Compras, Dinheiro, Casa, Lar, Escritório, Trabalho no Escritório, Importação & Exportação, Marketing, Pesquisa de Emprego, Desportos, Educação, Computador, Internet, Ferramentas, Natureza, Países, Nacionalidades e muito mais ...

TABELA DE CONTEÚDOS

Guia de pronunciação	9
Abreviaturas	10

CONCEITOS BÁSICOS	11
Conceitos básicos. Parte 1	11
1. Pronomes	11
2. Cumprimentos. Saudações. Despedidas	11
3. Como se dirigir a alguém	12
4. Números cardinais. Parte 1	12
5. Números cardinais. Parte 2	13
6. Números ordinais	14
7. Números. Frações	14
8. Números. Operações básicas	14
9. Números. Diversos	14
10. Os verbos mais importantes. Parte 1	15
11. Os verbos mais importantes. Parte 2	16
12. Os verbos mais importantes. Parte 3	17
13. Os verbos mais importantes. Parte 4	18
14. Cores	19
15. Questões	19
16. Preposições	20
17. Palavras funcionais. Advérbios. Parte 1	20
18. Palavras funcionais. Advérbios. Parte 2	22

Conceitos básicos. Parte 2	24
19. Dias da semana	24
20. Horas. Dia e noite	24
21. Meses. Estações	25
22. Unidades de medida	27
23. Recipientes	28

O SER HUMANO	29
O ser humano. O corpo	29
24. Cabeça	29
25. Corpo humano	30

Vestuário & Acessórios	31
26. Roupa exterior. Casacos	31
27. Vestuário de homem & mulher	31

28. Vestuário. Roupa interior 32
29. Adereços de cabeça 32
30. Calçado 32
31. Acessórios pessoais 33
32. Vestuário. Diversos 33
33. Cuidados pessoais. Cosméticos 34
34. Relógios de pulso. Relógios 35

Alimentação. Nutrição 36

35. Comida 36
36. Bebidas 37
37. Vegetais 38
38. Frutos. Nozes 39
39. Pão. Bolaria 40
40. Pratos cozinhados 40
41. Especiarias 41
42. Refeições 42
43. Por a mesa 43
44. Restaurante 43

Família, parentes e amigos 44

45. Informação pessoal. Formulários 44
46. Membros da família. Parentes 44

Medicina 46

47. Doenças 46
48. Sintomas. Tratamentos. Parte 1 47
49. Sintomas. Tratamentos. Parte 2 48
50. Sintomas. Tratamentos. Parte 3 49
51. Médicos 50
52. Medicina. Drogas. Acessórios 50

HABITAT HUMANO 51
Cidade 51

53. Cidade. Vida na cidade 51
54. Instituições urbanas 52
55. Sinais 53
56. Transportes urbanos 54
57. Turismo 55
58. Compras 56
59. Dinheiro 57
60. Correios. Serviço postal 58

Moradia. Casa. Lar 59

61. Casa. Eletricidade 59

62. Moradia. Mansão	59
63. Apartamento	59
64. Mobiliário. Interior	60
65. Quarto de dormir	61
66. Cozinha	61
67. Casa de banho	62
68. Eletrodomésticos	63

ATIVIDADES HUMANAS	**64**
Emprego. Negócios. Parte 1	**64**
69. Escritório. O trabalho no escritório	64
70. Processos negociais. Parte 1	65
71. Processos negociais. Parte 2	66
72. Produção. Trabalhos	67
73. Contrato. Acordo	68
74. Importação & Exportação	69
75. Finanças	69
76. Marketing	70
77. Publicidade	71
78. Banca	71
79. Telefone. Conversação telefónica	72
80. Telefone móvel	73
81. Estacionário	73
82. Tipos de negócios	74

Emprego. Negócios. Parte 2	**76**
83. Espetáculo. Feira	76
84. Ciência. Investigação. Cientistas	77

Profissões e ocupações	**79**
85. Procura de emprego. Demissão	79
86. Gente de negócios	79
87. Profissões de serviços	80
88. Profissões militares e postos	81
89. Oficiais. Padres	82
90. Profissões agrícolas	82
91. Profissões artísticas	83
92. Várias profissões	83
93. Ocupações. Estatuto social	85

Educação	**86**
94. Escola	86
95. Colégio. Universidade	87
96. Ciências. Disciplinas	88
97. Sistema de escrita. Ortografia	88
98. Línguas estrangeiras	89

Descanso. Entretenimento. Viagens   91

99. Viagens   91
100. Hotel   91

EQUIPAMENTO TÉCNICO. TRANSPORTES   93
Equipamento técnico. Transportes   93

101. Computador   93
102. Internet. E-mail   94
103. Eletricidade   95
104. Ferramentas   95

Transportes   98

105. Avião   98
106. Comboio   99
107. Barco   100
108. Aeroporto   101

Eventos   103

109. Férias. Evento   103
110. Funerais. Enterro   104
111. Guerra. Soldados   104
112. Guerra. Ações militares. Parte 1   105
113. Guerra. Ações militares. Parte 2   107
114. Armas   108
115. Povos da antiguidade   110
116. Idade média   110
117. Líder. Chefe. Autoridades   112
118. Viloação da lei. Criminosos. Parte 1   113
119. Viloação da lei. Criminosos. Parte 2   114
120. Polícia. Lei. Parte 1   115
121. Polícia. Lei. Parte 2   116

NATUREZA   118
A Terra. Parte 1   118

122. Espaço sideral   118
123. A Terra   119
124. Pontos cardeais   120
125. Mar. Oceano   120
126. Nomes de Mares e Oceanos   121
127. Montanhas   122
128. Nomes de montanhas   123
129. Rios   123
130. Nomes de rios   124
131. Floresta   124
132. Recursos naturais   125

7

A Terra. Parte 2   127

133. Tempo   127
134. Tempo extremo. Catástrofes naturais   128

Fauna   129

135. Mamíferos. Predadores   129
136. Animais selvagens   129
137. Animais domésticos   130
138. Pássaros   131
139. Peixes. Animais marinhos   133
140. Amfíbios. Répteis   133
141. Insetos   134

Flora   135

142. Árvores   135
143. Arbustos   135
144. Frutos. Bagas   136
145. Flores. Plantas   137
146. Cereais, grãos   138

PAÍSES. NACIONALIDADES   139

147. Europa Ocidental   139
148. Europa Central e de Leste   139
149. Países da ex-URSS   140
150. Asia   140
151. América do Norte   141
152. América Central do Sul   141
153. Africa   142
154. Austrália. Oceania   142
155. Cidades   142

GUIA DE PRONUNCIAÇÃO

Letra	Exemplo Bielorrusso	Alfabeto fonético T&P	Exemplo Português
А а	Англія	[a]	chamar
Б б	бульба	[b]	barril
В в	вечар	[v]	fava
Г г	галава	[h]	agora
Д д	дзіця	[d]	dentista
Дж дж	джаз	[dʒ]	adjetivo
Е е	метр	[ɛ]	mesquita
Ё ё	вясёлы	[jɔ]	ioga
Ж ж	жыццё	[ʒ]	talvez
З з	заўтра	[z]	sésamo
І і	нізкі	[i]	sinónimo
Й й	англійскі	[j]	géiser
К к	красавік	[k]	kiwi
Л л	лінія	[l]	libra
М м	камень	[m]	magnólia
Н н	Новы год	[n]	natureza
О о	опера	[ɔ]	emboço
П п	піва	[p]	presente
Р р	морква	[r]	riscar
С с	соль	[s]	sanita
Т т	трус	[t]	tulipa
У у	ізумруд	[u]	bonita
Ў ў	каўбаса	[w]	página web
Ф ф	футра	[f]	safári
Х х	захад	[h]	[h] aspirada
Ц ц	цэнтр	[ts]	tsé-tsé
Ч ч	пачатак	[tʃ], [c]	Tchau!
Ш ш	штодня	[ʃ]	mês
Ь ь	попельніца	[ʲ]	sinal suave
Ы ы	рыжы	[ɨ]	sinónimo
'	сузор'е	[']	sinal forte
Э э	Грэцыя	[ɛ]	mesquita
Ю ю	плюс	[ʉ]	nacional
Я я	трусяня	[ja], [ʲa]	Himalaias

Combinações de letras

дз	дзень	[dz]	pizza
дзь	лебедзь	[dʑ]	tajique
дж	джаз	[dʒ]	adjetivo

ABREVIATURAS
usadas no vocabulário

Abreviaturas do Português

adj	-	adjetivo
adv	-	advérbio
anim.	-	animado
conj.	-	conjunção
desp.	-	desporto
etc.	-	etecetra
ex.	-	por exemplo
f	-	nome feminino
f pl	-	feminino plural
fem.	-	feminino
inanim.	-	inanimado
m	-	nome masculino
m pl	-	masculino plural
m, f	-	masculino, feminino
masc.	-	masculino
mat.	-	matemática
mil.	-	militar
pl	-	plural
prep.	-	preposição
pron.	-	pronome
sb.	-	sobre
sing.	-	singular
v aux	-	verbo auxiliar
vi	-	verbo intransitivo
vi, vt	-	verbo intransitivo, transitivo
vr	-	verbo reflexivo
vt	-	verbo transitivo

Abreviaturas do Bielorrusso

ж	-	nome feminino
ж мн	-	feminino plural
м	-	nome masculino
м мн	-	masculino plural
м, ж	-	masculino, feminino
мн	-	plural
н	-	neutro
н мн	-	neutro plural

CONCEITOS BÁSICOS

Conceitos básicos. Parte 1

1. Pronomes

eu	я	[ʲa]
tu	ты	[tʲ]
ele	ён	[ʲon]
ela	яна	[ʲaˈna]
ele, ela (neutro)	яно	[ʲaˈnɔ]
nós	мы	[ˈmɨ]
vocês	вы	[ˈvɨ]
eles, elas	яны	[ʲaˈnɨ]

2. Cumprimentos. Saudações. Despedidas

Olá!	Вітаю!	[viˈtaʉ]
Bom dia! (formal)	Вітаю вас!	[viˈtaʉ vas]
Bom dia! (de manhã)	Добрай раніцы!	[dɔbraj ˈranitsʲi]
Boa tarde!	Добры дзень!	[dɔbrɨ ˈdzenʲ]
Boa noite!	Добры вечар!	[dɔbrɨ ˈvetʃar]
cumprimentar (vt)	вітацца	[viˈtatsa]
Olá!	Прывітанне!	[privɪˈtanne]
saudação (f)	прывітанне (н)	[privɪˈtanne]
saudar (vt)	вітаць	[viˈtatsʲ]
Como vai?	Як маецеся?	[ʲak ˈmaetsesʲa]
O que há de novo?	Што новага?	[ʃtɔ ˈnɔvaɦa]
Até à vista!	Да пабачэння!	[da pabaˈtʃɛnnʲa]
Adeus! (formal)	Да пабачэння!	[da pabaˈtʃɛnnʲa]
Até à vista! (informal)	Бывай!	[bɨˈvaj]
Até breve!	Да хуткай сустрэчы!	[da ˈhutkaj susˈtrɛtʃɨ]
Adeus! (sing.)	Бывай!	[bɨˈvaj]
Adeus! (pl)	Бывайце!	[bɨˈvajtse]
despedir-se (vr)	развітвацца	[razˈvitvatsa]
Até logo!	Пакуль!	[paˈkulʲ]
Obrigado! -a!	Дзякуй!	[ˈdzʲakuj]
Muito obrigado! -a!	Вялікі дзякуй!	[vʲaˈlʲiki ˈdzʲakuj]
De nada	Калі ласка.	[kaˈlʲi ˈlaska]
Não tem de quê	Не варта падзякі	[nʲa ˈvarta paˈdzʲaki]
De nada	Няма за што.	[nʲaˈma za ˈʃtɔ]
Desculpa!	Прабач!	[praˈbatʃ]

Desculpe!	Прабачце!	[pra'batʃtse]
desculpar (vt)	прабачаць	[praba'tʃatsʲ]
desculpar-se (vr)	прасіць прабачэння	[pra'sitsʲ praba'tʃɛnnʲa]
As minhas desculpas	Прашу прабачэння	[pra'ʃu praba'tʃɛnnʲa]
Desculpe!	Выбачайце!	[viba'tʃajtse]
perdoar (vt)	выбачаць	[viba'tʃatsʲ]
Não faz mal	Нічога страшнага.	[ni'tʃɔɣa 'straʃnaɣa]
por favor	калі ласка	[ka'li 'laska]
Não se esqueça!	Не забудзьце!	[ne za'butsʲe]
Certamente! Claro!	Вядома!	[vʲa'dɔma]
Claro que não!	Вядома, не!	[vʲa'dɔma, 'ne]
Está bem! De acordo!	Згодзен!	['zɦɔdzen]
Basta!	Хопіць!	['hɔpitsʲ]

3. Como se dirigir a alguém

Desculpe (para chamar a atenção)	Прабачце, ...	[pra'batʃtse, ...]
senhor	Спадар	[spa'dar]
senhora	Спадарыня	[spa'darinʲa]
rapariga	Спадарыня	[spa'darinʲa]
rapaz	Малады чалавек	[mala'dɨ tʃala'vek]
menino	Хлопчык	['hlɔptʃɨk]
menina	Дзяўчынка	[dzʲaw'tʃinka]

4. Números cardinais. Parte 1

zero	нуль (м)	['nulʲ]
um	адзін	[a'dzin]
dois	два	['dva]
três	тры	['tri]
quatro	чатыры	[tʃa'tiri]
cinco	пяць	['pʲatsʲ]
seis	шэсць	['ʃɛstsʲ]
sete	сем	['sem]
oito	восем	['vɔsem]
nove	дзевяць	['dzevʲatsʲ]
dez	дзесяць	['dzesʲatsʲ]
onze	адзінаццаць	[adzi'natsatsʲ]
doze	дванаццаць	[dva'natsatsʲ]
treze	трынаццаць	[tri'natsatsʲ]
catorze	чатырнаццаць	[tʃatir'natsatsʲ]
quinze	пятнаццаць	[pʲat'natsatsʲ]
dezasseis	шаснаццаць	[ʃas'natsatsʲ]
dezassete	семнаццаць	[sʲam'natsatsʲ]
dezoito	васемнаццаць	[vasʲam'natsatsʲ]
dezanove	дзевятнаццаць	[dzevʲat'natsatsʲ]

vinte	дваццаць	['dvatsatsʲ]
vinte e um	дваццаць адзін	[dvatsatsʲ a'dzin]
vinte e dois	дваццаць два	[dvatsatsʲ 'dva]
vinte e três	дваццаць тры	[dvatsatsʲ 'tri]
trinta	трыццаць	['tritsatsʲ]
trinta e um	трыццаць адзін	[tritsatsʲ a'dzin]
trinta e dois	трыццаць два	[tritsatsʲ 'dva]
trinta e três	трыццаць тры	[tritsatsʲ 'tri]
quarenta	сорак	['sɔrak]
quarenta e um	сорак адзін	[sɔrak a'dzin]
quarenta e dois	сорак два	[sɔrak 'dva]
quarenta e três	сорак тры	[sɔrak 'tri]
cinquenta	пяцьдзесят	[pʲadzʲa'sʲat]
cinquenta e um	пяцьдзесят адзін	[pʲadzʲa'sʲat a'dzin]
cinquenta e dois	пяцьдзесят два	[pʲadzʲa'sʲat 'dva]
cinquenta e três	пяцьдзесят тры	[pʲadzʲa'sʲat 'tri]
sessenta	шэсцьдзесят	['ʃɛzʲdzesʲat]
sessenta e um	шэсцьдзесят адзін	[ʃɛzʲdzesʲat a'dzin]
sessenta e dois	шэсцьдзесят два	[ʃɛzʲdzesʲat 'dva]
sessenta e três	шэсцьдзесят тры	[ʃɛzʲdzesʲat 'tri]
setenta	семдзесят	['semdzesʲat]
setenta e um	семдзесят адзін	[semdzesʲat a'dzin]
setenta e dois	семдзесят два	[semdzesʲat 'dva]
setenta e três	семдзесят тры	[semdzesʲat 'tri]
oitenta	восемдзесят	['vɔsemdzesʲat]
oitenta e um	восемдзесят адзін	[vɔsemdzesʲat a'dzin]
oitenta e dois	восемдзесят два	[vɔsemdzesʲat 'dva]
oitenta e três	восемдзесят тры	[vɔsemdzesʲat 'tri]
noventa	дзевяноста	[dzevʲa'nɔsta]
noventa e um	дзевяноста адзін	[dzevʲa'nɔsta a'dzin]
noventa e dois	дзевяноста два	[dzevʲa'nɔsta 'dva]
noventa e três	дзевяноста тры	[dzevʲa'nɔsta 'tri]

5. Números cardinais. Parte 2

cem	сто	['stɔ]
duzentos	дзвесце	[dzʲ'vesʲtse]
trezentos	трыста	['trista]
quatrocentos	чатырыста	[tʃa'tirista]
quinhentos	пяцьсот	[pʲatsʲ'sɔt]
seiscentos	шэсцьсот	[ʃɛstsʲ'sɔt]
setecentos	семсот	[sem'sɔt]
oitocentos	восемсот	[vɔsem'sɔt]
novecentos	дзевяцьсот	[dzevʲatsʲ'sɔt]
mil	тысяча	['tisʲatʃa]
dois mil	дзве тысячы	['dzʲve 'tisʲatʃi]

De quem são ...?	тры тысячы	['trɨ 'tisʲatʃɨ]
dez mil	дзесяць тысяч	['dzesʲatsʲ 'tisʲatʃ]
cem mil	сто тысяч	['stɔ 'tisʲatʃ]
um milhão	мільён (м)	[mi'lʲjɔn]
mil milhões	мільярд (м)	[mi'lʲart]

6. Números ordinais

primeiro	першы	['perʃɨ]
segundo	другі	[dru'ɦi]
terceiro	трэці	['trɛtsi]
quarto	чацвёрты	[tʃatsʲ'vʲortɨ]
quinto	пяты	['pʲatɨ]
sexto	шосты	['ʃɔstɨ]
sétimo	сёмы	['sʲomɨ]
oitavo	восьмы	['vɔsʲmɨ]
nono	дзевяты	[dzʲa'vʲatɨ]
décimo	дзесяты	[dzʲa'sʲatɨ]

7. Números. Frações

fração (f)	дроб (м)	['drɔp]
um meio	адна другая	[ad'na dru'ɦaʲa]
um terço	адна трэцяя	[ad'na 'trɛtsæʲa]
um quarto	адна чацвёртая	[ad'na tʃatsʲ'vʲortaʲa]
um oitavo	адна восьмая	[ad'na 'vɔsʲmaʲa]
um décimo	адна дзесятая	[ad'na dzʲa'sʲataʲa]
dois terços	дзве трэція	['dzʲve 'trɛtsiʲa]
três quartos	тры чацвёртыя	['trɨ tʃatsʲ'vʲortɨʲa]

8. Números. Operações básicas

subtração (f)	адніманне (н)	[adni'manne]
subtrair (vi, vt)	аднімаць	[adni'matsʲ]
divisão (f)	дзяленне (н)	[dzʲa'lenne]
dividir (vt)	дзяліць	[dzʲa'litsʲ]
adição (f)	складанне (н)	[skla'danne]
somar (vt)	скласці	['sklasʲtsi]
adicionar (vt)	прыбаўляць	[pribaw'lʲatsʲ]
multiplicação (f)	множанне (н)	['mnɔʒanne]
multiplicar (vt)	памнажаць	[pamna'ʒatsʲ]

9. Números. Diversos

| algarismo, dígito (m) | лічба (ж) | ['lidʐba] |
| número (m) | лік (м) | ['lik] |

numeral (m)	лічэбнік (м)	[li'tʃɛbnik]
menos (m)	мінус (м)	['minus]
mais (m)	плюс (м)	['plʉs]
fórmula (f)	формула (ж)	['fɔrmula]

cálculo (m)	вылічэнне (н)	[vili'tʃɛnne]
contar (vt)	лічыць	[li'tʃitsʲ]
calcular (vt)	падлічваць	[pad'litʃvatsʲ]
comparar (vt)	параўноўваць	[paraw'nɔwvatsʲ]

Quanto, -os, -as?	Колькі?	['kɔlʲki]
soma (f)	сума (ж)	['suma]
resultado (m)	вынік (м)	['vinik]
resto (m)	астача (ж)	[as'tatʃa]

alguns, algumas ...	некалькі	['nekalʲki]
um pouco de ...	нямнога	[nʲam'nɔɦa]
resto (m)	астатняе (н)	[as'tatnʲae]
um e meio	паўтара	[pawta'ra]
dúzia (f)	тузін (м)	['tuzin]

ao meio	напалову	[napa'lɔvu]
em partes iguais	пароўну	[pa'rɔwnu]
metade (f)	палова (ж)	[pa'lɔva]
vez (f)	раз (м)	['ras]

10. Os verbos mais importantes. Parte 1

abrir (vt)	адчыняць	[atʃi'nʲatsʲ]
acabar, terminar (vt)	заканчваць	[za'kantʃvatsʲ]
aconselhar (vt)	раіць	['raitsʲ]
adivinhar (vt)	адгадаць	[adɦa'datsʲ]
advertir (vt)	папярэджваць	[papʲa'rɛdʒvatsʲ]

ajudar (vt)	дапамагаць	[dapama'ɦatsʲ]
almoçar (vi)	абедаць	[a'bedatsʲ]
alugar (~ um apartamento)	наймаць	[naj'matsʲ]
amar (vt)	кахаць	[ka'ɦatsʲ]
ameaçar (vt)	пагражаць	[paɦra'ʒatsʲ]

anotar (escrever)	запісваць	[za'pisvatsʲ]
apanhar (vt)	лавіць	[la'vitsʲ]
apressar-se (vr)	спяшацца	[spʲa'ʃatsa]
arrepender-se (vr)	шкадаваць	[ʃkada'vatsʲ]
assinar (vt)	падпісваць	[pat'pisvatsʲ]

atirar, disparar (vi)	страляць	[stra'lʲatsʲ]
brincar (vi)	жартаваць	[ʒarta'vatsʲ]
brincar, jogar (crianças)	гуляць	[ɦu'lʲatsʲ]
buscar (vt)	шукаць ...	[ʃu'katsʲ ...]
caçar (vi)	паляваць	[palʲa'vatsʲ]

| cair (vi) | падаць | ['padatsʲ] |
| cavar (vt) | капаць | [ka'patsʲ] |

cessar (vt)	спыняць	[spi'nʲatsʲ]
chamar (~ por socorro)	клікаць	['klikatsʲ]
chegar (vi)	прыязджаць	[prʲiaʒ'dʒatsʲ]
chorar (vi)	плакаць	['plakatsʲ]
começar (vt)	пачынаць	[patʃi'natsʲ]
comparar (vt)	параўноўваць	[paraw'nowvatsʲ]
compreender (vt)	разумець	[razu'metsʲ]
concordar (vi)	згаджацца	[zɦa'dʒatsa]
confiar (vt)	давяраць	[davʲa'ratsʲ]
confundir (equivocar-se)	блытаць	['blitatsʲ]
conhecer (vt)	ведаць	['vedatsʲ]
contar (fazer contas)	лічыць	[li'tʃitsʲ]
contar com (esperar)	разлічваць на ...	[raz'litʃvatsʲ na ...]
continuar (vt)	працягваць	[pra'tsʲaɦvatsʲ]
controlar (vt)	кантраляваць	[kantralʲa'vatsʲ]
convidar (vt)	запрашаць	[zapra'ʃatsʲ]
correr (vi)	бегчы	['beɦtʃi]
criar (vt)	стварыць	[stva'ritsʲ]
custar (vt)	каштаваць	[kaʃta'vatsʲ]

11. Os verbos mais importantes. Parte 2

dar (vt)	даваць	[da'vatsʲ]
dar uma dica	падказаць	[patka'zatsʲ]
decorar (enfeitar)	упрыгожваць	[upri'ɦoʒvatsʲ]
defender (vt)	абараняць	[abara'nʲatsʲ]
deixar cair (vt)	упускаць	[upus'katsʲ]
descer (para baixo)	спускацца	[spu'skatsa]
desculpar (vt)	прабачаць	[praba'tʃatsʲ]
desculpar-se (vr)	прасіць прабачэння	[pra'sitsʲ praba'tʃɛnnʲa]
dirigir (~ uma empresa)	кіраваць	[kira'vatsʲ]
discutir (notícias, etc.)	абмяркоўваць	[abmʲar'kowvatsʲ]
dizer (vt)	сказаць	[ska'zatsʲ]
duvidar (vt)	сумнявацца	[sumnʲa'vatsa]
encontrar (achar)	знаходзіць	[zna'ɦodzitsʲ]
enganar (vt)	падманваць	[pad'manvatsʲ]
entrar (na sala, etc.)	уваходзіць	[uva'ɦodzitsʲ]
enviar (uma carta)	адпраўляць	[atpraw'lʲatsʲ]
errar (equivocar-se)	памыляцца	[pami'lʲatsa]
escolher (vt)	выбіраць	[vibi'ratsʲ]
esconder (vt)	хаваць	[ha'vatsʲ]
escrever (vt)	пісаць	[pi'satsʲ]
esperar (o autocarro, etc.)	чакаць	[tʃa'katsʲ]
esperar (ter esperança)	спадзявацца	[spadzʲa'vatsa]
esquecer (vt)	забываць	[zabi'vatsʲ]
estudar (vt)	вывучаць	[vivu'tʃatsʲ]
exigir (vt)	патрабаваць	[patraba'vatsʲ]

existir (vi)	існаваць	[isna'vatsʲ]
explicar (vt)	тлумачыць	[tlu'matʃitsʲ]
falar (vi)	гаварыць	[hava'ritsʲ]
faltar (clases, etc.)	прапускаць	[prapus'katsʲ]
fazer (vt)	рабіць	[ra'bitsʲ]
gabar-se, jactar-se (vr)	выхваляцца	[vihva'lʲatsa]
gostar (apreciar)	падабацца	[pada'batsa]
gritar (vi)	крычаць	[kri'tʃatsʲ]
guardar (cartas, etc.)	захоўваць	[za'hɔwvatsʲ]
informar (vt)	інфармаваць	[infarma'vatsʲ]
insistir (vi)	настойваць	[na'stɔjvatsʲ]
insultar (vt)	абражаць	[abra'ʒatsʲ]
interessar-se (vr)	цікавіцца ...	[tsi'kavitsa ...]
ir (a pé)	ісці	[is'tsi]
ir nadar	купацца	[ku'patsa]
jantar (vi)	вячэраць	[vʲa'tʃɛratsʲ]

12. Os verbos mais importantes. Parte 3

ler (vt)	чытаць	[tʃi'tatsʲ]
libertar (cidade, etc.)	вызваляць	[vizva'lʲatsʲ]
matar (vt)	забіваць	[zabi'vatsʲ]
mencionar (vt)	згадваць	['zɦadvatsʲ]
mostrar (vt)	паказваць	[pa'kazvatsʲ]
mudar (modificar)	змяніць	[zmʲa'nitsʲ]
nadar (vi)	плаваць	['plavatsʲ]
negar-se a ...	адмаўляцца	[admaw'lʲatsa]
objetar (vt)	пярэчыць	[pʲa'rɛtʃitsʲ]
observar (vt)	назіраць	[nazi'ratsʲ]
ordenar (mil.)	загадваць	[za'ɦadvatsʲ]
ouvir (vt)	чуць	['tʃutsʲ]
pagar (vt)	плаціць	[pla'tsitsʲ]
parar (vi)	спыняцца	[spi'nʲatsa]
participar (vi)	удзельнічаць	[u'dzelʲnitʃatsʲ]
pedir (comida)	заказваць	[za'kazvatsʲ]
pedir (um favor, etc.)	прасіць	[pra'sitsʲ]
pegar (tomar)	браць	['bratsʲ]
pensar (vt)	думаць	['dumatsʲ]
perceber (ver)	заўважаць	[zawva'ʒatsʲ]
perdoar (vt)	выбачаць	[viba'tʃatsʲ]
perguntar (vt)	пытаць	[pi'tatsʲ]
permitir (vt)	дазваляць	[dazva'lʲatsʲ]
pertencer a ...	належаць	[na'leʒatsʲ]
planear (vt)	планаваць	[plana'vatsʲ]
poder (vi)	магчы	[maɦ'tʃi]
possuir (vt)	валодаць	[va'lɔdatsʲ]
preferir (vt)	аддаваць перавагу	[adda'vatsʲ pera'vaɦu]

preparar (vt)	гатаваць	[ɦata'vatsʲ]
prever (vt)	прадбачыць	[prad'batʃitsʲ]
prometer (vt)	абяцаць	[abʲa'tsatsʲ]
pronunciar (vt)	вымаўляць	[vimaw'lʲatsʲ]
propor (vt)	прапаноўваць	[prapa'nɔwvatsʲ]
punir (castigar)	караць	[ka'ratsʲ]

13. Os verbos mais importantes. Parte 4

quebrar (vt)	ламаць	[la'matsʲ]
queixar-se (vr)	скардзіцца	['skardzitsa]
querer (desejar)	хацець	[ha'tsetsʲ]
recomendar (vt)	рэкамендаваць	[rɛkamenda'vatsʲ]
repetir (dizer outra vez)	паўтараць	[pawta'ratsʲ]

repreender (vt)	лаяць	['laʲatsʲ]
reservar (~ um quarto)	рэзерваваць	[rɛzerva'vatsʲ]
responder (vt)	адказваць	[at'kazvatsʲ]
rir (vi)	смяяцца	[smæ'ʲatsa]

roubar (vt)	красці	['krasʲtsi]
saber (vt)	ведаць	['vedatsʲ]
sair (~ de casa)	выходзіць	[vi'hɔdzitsʲ]
salvar (vt)	ратаваць	[rata'vatsʲ]
seguir ...	накіроўвацца ...	[naki'rɔwvatsa ...]

sentar-se (vr)	садзіцца	[sa'dzitsa]
ser necessário	патрабавацца	[patraba'vatsa]
ser, estar	быць	['bitsʲ]
significar (vt)	азначаць	[azna'tʃatsʲ]

| sorrir (vi) | усміхацца | [usmi'hatsa] |
| subestimar (vt) | недаацэньваць | [nedaa'tsɛnʲvatsʲ] |

| surpreender-se (vr) | здзіўляцца | [zʲdziw'lʲatsa] |
| tentar (vt) | спрабаваць | [spraba'vatsʲ] |

| ter (vt) | мець | ['metsʲ] |
| ter fome | хацець есці | [ha'tsetsʲ 'esʲtsi] |

| ter medo | баяцца | [ba'ʲatsa] |
| ter sede | хацець піць | [ha'tsetsʲ 'pitsʲ] |

tocar (com as mãos)	кранаць	[kra'natsʲ]
tomar o pequeno-almoço	снедаць	['snedatsʲ]
trabalhar (vi)	працаваць	[pratsa'vatsʲ]

| traduzir (vt) | перакладаць | [perakla'datsʲ] |
| unir (vt) | аб'ядноўваць | [abʲlad'nɔwvatsʲ] |

vender (vt)	прадаваць	[prada'vatsʲ]
ver (vt)	бачыць	['batʃitsʲ]
virar (ex. ~ à direita)	паварочваць	[pava'rɔtʃvatsʲ]
voar (vi)	ляцець	[lʲa'tsetsʲ]

14. Cores

cor (f)	колер (м)	['kɔlɛr]
matiz (m)	адценне (н)	[a'tsɛnnɛ]
tom (m)	тон (м)	['tɔn]
arco-íris (m)	вясёлка (ж)	[vʲa'sʲɔlka]
branco	белы	['bɛlʲi]
preto	чорны	['tʃɔrnʲi]
cinzento	шэры	['ʃɛrʲi]
verde	зялёны	[zʲa'lʲɔnʲi]
amarelo	жоўты	['ʒɔwtʲi]
vermelho	чырвоны	[tʃir'vɔnʲi]
azul	сіні	['sʲinʲi]
azul claro	блакітны	[bla'kʲitnʲi]
rosa	ружовы	[ru'ʒɔvʲi]
laranja	аранжавы	[a'ranʒavʲi]
violeta	фіялетавы	[fʲiaˈlʲetavʲi]
castanho	карычневы	[ka'rɨtʃnɛvʲi]
dourado	залаты	[zala'tʲi]
prateado	серабрысты	[sɛra'brʲistʲi]
bege	бэжавы	['bɛʒavʲi]
creme	крэмавы	['krɛmavʲi]
turquesa	бірузовы	[biru'zɔvʲi]
vermelho cereja	вішнёвы	[viʃ'nʲɔvʲi]
lilás	ліловы	[lʲi'lɔvʲi]
carmesim	малінавы	[ma'lʲinavʲi]
claro	светлы	['svʲetlʲi]
escuro	цёмны	['tsʲɔmnʲi]
vivo	яркі	['ʲarkʲi]
de cor	каляровы	[kalʲa'rɔvʲi]
a cores	каляровы	[kalʲa'rɔvʲi]
preto e branco	чорна-белы	[tʃɔrna 'bɛlʲi]
unicolor	аднакаляровы	[adnakalʲa'rɔvʲi]
multicor	рознакаляровы	[rɔznakalʲa'rɔvʲi]

15. Questões

Quem?	Хто?	['htɔ]
Que?	Што?	['ʃtɔ]
Onde?	Дзе?	['dzʲe]
Para onde?	Куды?	[ku'dɨ]
De onde?	Адкуль?	[at'kulʲ]
Quando?	Калі?	[ka'lʲi]
Para quê?	Навошта?	[na'vɔʃta]
Porquê?	Чаму?	[tʃa'mu]
Para quê?	Для чаго?	[dlʲa tʃa'hɔ]

Como?	Як?	[ˈʲak]
Qual?	Які?	[ʲaˈki]
Qual? (entre dois ou mais)	Каторы?	[kaˈtorɨ]
A quem?	Каму?	[kaˈmu]
Sobre quem?	Пра каго?	[pra kaˈɦɔ]
Do quê?	Пра што?	[pra ˈʂtɔ]
Com quem?	З кім?	[s kim]
Quanto, -os, -as?	Колькі?	[ˈkɔlʲki]
De quem? (masc.)	Чый?	[ˈtʂɨj]
De quem são? (pl)	Чые?	[tʂɨˈe?]

16. Preposições

com (prep.)	з	[z]
sem (prep.)	без	[ˈbes]
a, para (exprime lugar)	у	[u]
sobre (ex. falar ~)	аб	[ap]
antes de ...	перад	[ˈperat]
diante de ...	перад ...	[ˈperat ...]
sob (debaixo de)	пад	[ˈpat]
sobre (em cima de)	над	[ˈnat]
sobre (~ a mesa)	на	[na]
de (vir ~ Lisboa)	з	[z]
de (feito ~ pedra)	з	[z]
dentro de (~ dez minutos)	праз	[ˈpras]
por cima de ...	праз	[ˈpras]

17. Palavras funcionais. Advérbios. Parte 1

Onde?	Дзе?	[ˈdze]
aqui	тут	[ˈtut]
lá, ali	там	[ˈtam]
em algum lugar	дзесьці	[ˈdzesʲtsi]
em lugar nenhum	нідзе	[niˈdze]
ao pé de ...	ля ...	[lʲa ...]
ao pé da janela	ля акна	[lʲa akˈna]
Para onde?	Куды?	[kuˈdɨ]
para cá	сюды	[sʉˈdɨ]
para lá	туды	[tuˈdɨ]
daqui	адсюль	[aˈtsʉlʲ]
de lá, dali	адтуль	[atˈtulʲ]
perto	блізка	[ˈbliska]
longe	далёка	[daˈlʲoka]
perto de ...	каля	[kaˈlʲa]

ao lado de	побач	['pobatʃ]
perto, não fica longe	недалёка	[nʲedaˈlʲoka]
esquerdo	левы	[ˈlʲevi]
à esquerda	злева	[ˈzlʲeva]
para esquerda	налева	[naˈlʲeva]
direito	правы	[ˈpravi]
à direita	справа	[ˈsprava]
para direita	направа	[naˈprava]
à frente	спераду	[ˈsʲpʲeradu]
da frente	пярэдні	[pʲaˈrɛdnʲi]
em frente (para a frente)	наперад	[naˈpʲerat]
atrás de ...	ззаду	[ˈzzadu]
por detrás (vir ~)	ззаду	[ˈzzadu]
para trás	назад	[naˈzat]
meio (m), metade (f)	сярэдзіна (ж)	[sʲaˈrɛdzina]
no meio	пасярэдзіне	[pasʲaˈrɛdzinʲe]
de lado	збоку	[ˈzbɔku]
em todo lugar	усюды	[uˈsʲudi]
ao redor (olhar ~)	навакол	[navaˈkɔl]
de dentro	знутры	[znuˈtri]
para algum lugar	кудысьці	[kuˈdisʲtsi]
diretamente	наўпрост	[nawˈprɔst]
de volta	назад	[naˈzat]
de algum lugar	адкуль-небудзь	[atˈkulʲ ˈnʲebutsʲ]
de um lugar	аднекуль	[adˈnʲekulʲ]
em primeiro lugar	па-першае	[pa ˈpʲerʃae]
em segundo lugar	па-другое	[pa druˈɦɔe]
em terceiro lugar	па-трэцяе	[pa ˈtrɛtsʲae]
de repente	раптам	[ˈraptam]
no início	напачатку	[napaˈtʃatku]
pela primeira vez	упершыню	[upʲerʃiˈnʲɨ]
muito antes de ...	задоўга да ...	[zaˈdowɦa da ...]
de novo, novamente	нанава	[ˈnanava]
para sempre	назусім	[nazuˈsʲim]
nunca	ніколі	[nʲiˈkɔlʲi]
de novo	зноўку	[ˈznɔwku]
agora	цяпер	[tsʲaˈpʲer]
frequentemente	часта	[ˈtʃasta]
então	тады	[taˈdɨ]
urgentemente	тэрмінова	[tɛrmʲiˈnɔva]
usualmente	звычайна	[zvʲiˈtʃajna]
a propósito, ...	дарэчы, ...	[daˈrɛtʃi, ...]
é possível	магчыма	[maɦˈtʃima]
provavelmente	напэўна	[naˈpɛwna]

talvez	мабыць	['mabitsʲ]
além disso, …	акрамя таго, …	[akra'mʲa ta'ɦɔ, …]
por isso …	таму …	[ta'mu …]
apesar de …	нягледзячы на …	[nʲaɦ'ledzʲatʃi na …]
graças a …	дзякуючы …	['dzʲakuʉtʃi …]

que (pron.)	што	['ʃtɔ]
que (conj.)	што	['ʃtɔ]
algo	нешта	['neʃta]
alguma coisa	што-небудзь	[ʃtɔ'nebutsʲ]
nada	нічога	[ni'tʃɔɦa]

quem	хто	['htɔ]
alguém (~ teve uma ideia …)	хтосьці	['htɔsʲtsi]
alguém	хто-небудзь	[htɔ'nebutsʲ]

ninguém	ніхто	[nih'tɔ]
para lugar nenhum	нікуды	[ni'kudi]
de ninguém	нічый	[ni'tʃij]
de alguém	чый-небудзь	[tʃij'nebutsʲ]

tão	так	['tak]
também (gostaria ~ de …)	таксама	[tak'sama]
também (~ eu)	таксама	[tak'sama]

18. Palavras funcionais. Advérbios. Parte 2

Porquê?	Чаму?	[tʃa'mu]
por alguma razão	чамусьці	[tʃa'musʲtsi]
porque …	бо …	[bɔ …]
por qualquer razão	наштосьці	[naʃ'tɔsʲtsi]

e (tu ~ eu)	і	[i]
ou (ser ~ não ser)	або	[a'bɔ]
mas (porém)	але	[a'le]
para (~ a minha mãe)	для	['dlʲa]

demasiado, muito	занадта	[za'natta]
só, somente	толькі	['tɔlʲki]
exatamente	дакладна	[da'kladna]
cerca de (~ 10 kg)	каля	[ka'lʲa]

aproximadamente	прыблізна	[prib'lizna]
aproximado	прыблізны	[prib'lizni]
quase	амаль	[a'malʲ]
resto (m)	астатняе (н)	[as'tatnʲae]

o outro (segundo)	другі	[dru'ɦi]
outro	другі, іншы	[dru'ɦi, in'ʃi]
cada	кожны	['kɔʒni]
qualquer	любы	[lʉ'bi]
muito	шмат	['ʃmat]
muitas pessoas	многія	['mnɔɦiʲa]
todos	усе	[u'se]

em troca de …	у абмен на …	[u ab'men na …]
em troca	наўзамен	[nawza'men]
à mão	уручную	[urutʃ'nuʉ]
pouco provável	наўрад ці	[naw'ratsi]

provavelmente	пэўна	['pɛwna]
de propósito	знарок	[zna'rɔk]
por acidente	выпадкова	[vɨpat'kɔva]

muito	вельмі	['velʲmi]
por exemplo	напрыклад	[na'priklat]
entre	між	['miʃ]
entre (no meio de)	сярод	[sʲa'rɔt]
tanto	столькі	['stɔlʲki]
especialmente	асабліва	[asa'bliva]

Conceitos básicos. Parte 2

19. Dias da semana

segunda-feira (f)	панядзелак (м)	[panʲa'dzelak]
terça-feira (f)	аўторак (м)	[aw'tɔrak]
quarta-feira (f)	серада (ж)	[sera'da]
quinta-feira (f)	чацвер (м)	[tʃatsʲ'ver]
sexta-feira (f)	пятніца (ж)	['pʲatnitsa]
sábado (m)	субота (ж)	[su'bɔta]
domingo (m)	нядзеля (ж)	[nʲa'dzelʲa]
hoje	сёння	['sʲonnʲa]
amanhã	заўтра	['zawtra]
depois de amanhã	паслязаўтра	[paslʲa'zawtra]
ontem	учора	[u'tʃɔra]
anteontem	заўчора	[zaw'tʃɔra]
dia (m)	дзень (м)	['dzenʲ]
dia (m) de trabalho	працоўны дзень (м)	[pra'tsɔwnɨ 'dzenʲ]
feriado (m)	святочны дзень (м)	[svʲa'tɔtʃnɨ 'dzenʲ]
dia (m) de folga	выхадны дзень (м)	[vɨhad'nɨ 'dzenʲ]
fim (m) de semana	выхадныя (м мн)	[vɨhad'nʲʲa]
o dia todo	увесь дзень	[u'vezʲ 'dzenʲ]
no dia seguinte	на наступны дзень	[na na'stupnɨ 'dzenʲ]
há dois dias	два дні таму	[dva 'dni ta'mu]
na véspera	напярэдадні	[napʲa'rɛdadni]
diário	штодзённы	[ʃtɔ'dzʲonnɨ]
todos os dias	штодня	[ʃtɔ'dnʲa]
semana (f)	тыдзень (м)	['tidzenʲ]
na semana passada	на мінулым тыдні	[na mi'nulɨm 'tidni]
na próxima semana	на наступным тыдні	[na na'stupnim 'tidni]
semanal	штотыднёвы	[ʃtotid'nʲovɨ]
cada semana	штотыдзень	[ʃtɔ'tidzenʲ]
duas vezes por semana	два разы на тыдзень	[dva ra'zɨ na 'tidzenʲ]
cada terça-feira	штоаўторак	[ʃtɔa'wtɔrak]

20. Horas. Dia e noite

manhã (f)	ранак (м)	['ranak]
de manhã	ранкам	['rankam]
meio-dia (m)	поўдзень (м)	['powdzenʲ]
à tarde	пасля абеду	[pa'slʲa a'bedu]
noite (f)	вечар (м)	['vetʃar]
à noite (noitinha)	увечар	[u'vetʃar]

noite (f)	ноч (ж)	['nɔtʃ]
à noite	уначы	[una'tʃi]
meia-noite (f)	поўнач (ж)	['pɔwnatʃ]
segundo (m)	секунда (ж)	[se'kunda]
minuto (m)	хвіліна (ж)	[hvi'lina]
hora (f)	гадзіна (ж)	[ɦa'dzina]
meia hora (f)	паўгадзіны	[pawɦa'dzinʲi]
quarto (m) de hora	чвэрць (ж) гадзіны	[tʃvɛrtsʲ ɦa'dzinʲi]
quinze minutos	пятнаццаць хвілін	[pʲat'natsatsʲ hvi'lin]
vinte e quatro horas	суткі (мн)	['sutki]
nascer (m) do sol	узыход (м) сонца	[uzʲi'hɔt 'sɔntsa]
amanhecer (m)	світанак (м)	[svi'tanak]
madrugada (f)	ранічка (ж)	['ranitʃka]
pôr do sol (m)	захад (м)	['zahat]
de madrugada	ранічкаю	['ranitʃkau̯]
hoje de manhã	сёння ранкам	[sʲɔnnʲa 'rankam]
amanhã de manhã	заўтра ранкам	['zawtra 'rankam]
hoje à tarde	сёння ўдзень	[sʲɔnnʲa u'dzenʲ]
à tarde	пасля абеду	[pa'slʲa a'bedu]
amanhã à tarde	заўтра пасля абеду	['zawtra pa'slʲa a'bedu]
hoje à noite	сёння ўвечары	[sʲɔnnʲa u'wetʃari]
amanhã à noite	заўтра ўвечары	[zawtra u'wetʃari]
às três horas em ponto	роўна а трэцяй гадзіне	[rɔwna a 'trɛtsʲaj ɦa'dzine]
por volta das quatro	каля чацвёртай гадзіны	[ka'lʲa tʃats'vʲɔrtaj ɦa'dzinʲi]
às doze	пад дванаццатую гадзіну	[pad dva'natsatuu̯ ɦa'dzinu]
dentro de vinte minutos	праз дваццаць хвілін	[praz 'dvatsatsʲ hvi'lin]
dentro duma hora	праз гадзіну	[praz ɦa'dzinu]
a tempo	своечасова	[svɔetʃa'sɔva]
menos um quarto	без чвэрці ...	['bʲaʃ 'tʃvɛrtsi ...]
durante uma hora	на працягу гадзіны	[na pra'tsʲaɦu ɦa'dzinʲi]
a cada quinze minutos	кожныя пятнаццаць хвілін	['kɔʒnʲia pʲat'natsatsʲ hvi'lin]
as vinte e quatro horas	круглыя суткі (мн)	['kruɦlʲia 'sutki]

21. Meses. Estações

janeiro (m)	студзень (м)	['studzenʲ]
fevereiro (m)	люты (м)	['lʲuti]
março (m)	сакавік (м)	[saka'vik]
abril (m)	красавік (м)	[krasa'vik]
maio (m)	май (м)	['maj]
junho (m)	чэрвень (м)	['tʃɛrvenʲ]
julho (m)	ліпень (м)	['lipenʲ]
agosto (m)	жнівень (м)	['ʒnivenʲ]
setembro (m)	верасень (м)	['verasenʲ]

Português	Bielorrusso	Pronúncia
outubro (m)	кастрычнік (м)	[kas'trɨtʃnik]
novembro (m)	лістапад (м)	[lista'pat]
dezembro (m)	снежань (м)	['sneʒanʲ]
primavera (f)	вясна (ж)	[vʲas'na]
na primavera	увесну	[u'vesnu]
primaveril	вясновы	[vʲas'nɔvɨ]
verão (m)	лета (н)	['leta]
no verão	улетку	[u'letku]
de verão	летні	['letni]
outono (m)	восень (ж)	['vɔsenʲ]
no outono	увосень	[u'vɔsenʲ]
outonal	восеньскі	['vɔsenʲski]
inverno (m)	зіма (ж)	[zi'ma]
no inverno	узімку	[u'zimku]
de inverno	зімовы	[zi'mɔvɨ]
mês (m)	месяц (м)	['mesʲats]
este mês	у гэтым месяцы	[u 'ɦɛtɨm 'mesʲatsɨ]
no próximo mês	у наступным месяцы	[u nas'tupnɨm 'mesʲatsɨ]
no mês passado	у мінулым месяцы	[u mi'nulɨm 'mesʲatsɨ]
há um mês	месяц таму	[mesʲats ta'mu]
dentro de um mês	праз месяц	[praz 'mesʲats]
dentro de dois meses	праз два месяцы	[praz 'dva 'mesʲatsɨ]
todo o mês	увесь месяц	[u'vesʲ 'mesʲats]
um mês inteiro	цэлы месяц	[tsɛlɨ 'mesʲats]
mensal	штомесячны	[ʃto'mesʲatʃnɨ]
mensalmente	штомесяц	[ʃto'mesʲats]
cada mês	штомесяц	[ʃto'mesʲats]
duas vezes por mês	два разы на месяц	[dva ra'zɨ na 'mesʲats]
ano (m)	год (м)	['ɦɔt]
este ano	сёлета	['sʲoleta]
no próximo ano	налета	[na'leta]
no ano passado	летась	['letasʲ]
há um ano	год таму	[ɦɔt ta'mu]
dentro dum ano	праз год	[praz 'ɦɔt]
dentro de 2 anos	праз два гады	[praz 'dva ɦa'dɨ]
todo o ano	увесь год	[u'vezʲ 'ɦɔt]
um ano inteiro	цэлы год	[tsɛlɨ 'ɦɔt]
cada ano	штогод	[ʃto'ɦɔt]
anual	штогадовы	[ʃtoɦa'dɔvɨ]
anualmente	штогод	[ʃto'ɦɔt]
quatro vezes por ano	чатыры разы на год	[tʃa'tɨrɨ ra'zɨ na 'ɦɔt]
data (~ de hoje)	дзень (м)	['dzenʲ]
data (ex. ~ de nascimento)	дата (ж)	['data]
calendário (m)	каляндар (м)	[kalʲan'dar]
meio ano	паўгода	[paw'ɦoda]

seis meses	паўгоддзе (н)	[paw'hɔdze]
estação (f)	сезон (м)	[se'zɔn]
século (m)	стагоддзе (н)	[sta'hɔdze]

22. Unidades de medida

peso (m)	вага (ж)	[va'ha]
comprimento (m)	даўжыня (ж)	[dawʒi'nʲa]
largura (f)	шырыня (ж)	[ʃiri'nʲa]
altura (f)	вышыня (ж)	[viʃi'nʲa]
profundidade (f)	глыбіня (ж)	[ɦlibi'nʲa]
volume (m)	аб'ём (м)	[a'bʲom]
área (f)	плошча (ж)	['plɔʃca]

grama (m)	грам (м)	['ɦram]
miligrama (m)	міліграм (м)	[mili'ɦram]
quilograma (m)	кілаграм (м)	[kila'ɦram]
tonelada (f)	тона (ж)	['tɔna]
libra (453,6 gramas)	фунт (м)	['funt]
onça (f)	унцыя (ж)	['untsʲa]

metro (m)	метр (м)	['metr]
milímetro (m)	міліметр (м)	[mili'metr]
centímetro (m)	сантыметр (м)	[santi'metr]
quilómetro (m)	кіламетр (м)	[kila'metr]
milha (f)	міля (ж)	['milʲa]

polegada (f)	цаля (ж)	['tsalʲa]
pé (304,74 mm)	фут (м)	['fut]
jarda (914,383 mm)	ярд (м)	[ʲart]

| metro (m) quadrado | квадратны метр (м) | [kvad'ratnɨ 'metr] |
| hectare (m) | гектар (м) | [ɦek'tar] |

litro (m)	літр (м)	['litr]
grau (m)	градус (м)	['ɦradus]
volt (m)	вольт (м)	['vɔlʲt]
ampere (m)	ампер (м)	[am'per]
cavalo-vapor (m)	конская сіла (ж)	[kɔnskaʲa 'sila]

quantidade (f)	колькасць (ж)	['kɔlʲkastsʲ]
um pouco de …	нямнога …	[nʲam'nɔɦa …]
metade (f)	палова (ж)	[pa'lɔva]
dúzia (f)	тузін (м)	['tuzin]
peça (f)	штука (ж)	['ʃtuka]

| dimensão (f) | памер (м) | [pa'mer] |
| escala (f) | маштаб (м) | [maʃ'tap] |

mínimo	мінімальны	[mini'malʲnɨ]
menor, mais pequeno	найменшы	[naj'menʃi]
médio	сярэдні	[sʲa'rɛdni]
máximo	максімальны	[maksi'malʲnɨ]
maior, mais grande	найбольшы	[naj'bɔlʲʃi]

23. Recipientes

boião (m) de vidro	слоік (м)	['slɔik]
lata (~ de cerveja)	бляшанка (ж)	[blʲaˈʃanka]
balde (m)	вядро (н)	[vʲaˈdrɔ]
barril (m)	бочка (ж)	[ˈbɔtʃka]
bacia (~ de plástico)	таз (м)	['tas]
tanque (m)	бак (м)	['bak]
cantil (m) de bolso	біклажка (ж)	[bikˈlaʃka]
bidão (m) de gasolina	каністра (ж)	[kaˈnistra]
cisterna (f)	цыстэрна (ж)	[tsisˈtɛrna]
caneca (f)	кубак (м)	['kubak]
chávena (f)	кубак (м)	['kubak]
pires (m)	сподак (м)	['spɔdak]
copo (m)	шклянка (ж)	[ˈʃklʲanka]
taça (f) de vinho	келіх (м)	['kelihʲ]
panela, caçarola (f)	рондаль (м)	[ˈrɔndalʲ]
garrafa (f)	бутэлька (ж)	[buˈtɛlʲka]
gargalo (m)	рыльца (н)	[ˈrilʲtsa]
jarro, garrafa (f)	графін (м)	[ɦraˈfin]
jarro (m) de barro	збан (м)	['zban]
recipiente (m)	пасудзіна (ж)	[paˈsudzina]
pote (m)	гаршчок (м)	[ɦarˈʃɕɔk]
vaso (m)	ваза (ж)	['vaza]
frasco (~ de perfume)	флакон (м)	[flaˈkɔn]
frasquinho (ex. ~ de iodo)	бутэлечка (ж)	[buˈtɛletʃka]
tubo (~ de pasta dentífrica)	цюбік (м)	[ˈtsʉbik]
saca (ex. ~ de açúcar)	мяшок (м)	[mʲaˈʃɔk]
saco (~ de plástico)	пакет (м)	[paˈket]
maço (m)	пачак (м)	[ˈpatʃak]
caixa (~ de sapatos, etc.)	каробка (ж)	[kaˈrɔpka]
caixa (~ de madeira)	скрынка (ж)	[ˈskrinka]
cesta (f)	кош (м)	[ˈkɔʃ]

O SER HUMANO

O ser humano. O corpo

24. Cabeça

cabeça (f)	галава (ж)	[hala'va]
cara (f)	твар (м)	['tvar]
nariz (m)	нос (м)	['nɔs]
boca (f)	рот (м)	['rɔt]

olho (m)	вока (н)	['vɔka]
olhos (m pl)	вочы (н мн)	['vɔtʃi]
pupila (f)	зрэнка (ж)	['zrɛnka]
sobrancelha (f)	брыво (н)	[bri'vɔ]
pestana (f)	вейка (ж)	['vejka]
pálpebra (f)	павека (н)	[pa'veka]

língua (f)	язык (м)	[ʲa'zɨk]
dente (m)	зуб (м)	['zup]
lábios (m pl)	губы (ж мн)	['ɦubɨ]
maçãs (f pl) do rosto	скулы (ж мн)	['skulɨ]
gengiva (f)	дзясна (ж)	[dzʲas'na]
palato (m)	паднябенне (н)	[padnʲa'benne]

narinas (f pl)	ноздры (ж мн)	['nɔzdrɨ]
queixo (m)	падбародак (м)	[padba'rɔdak]
mandíbula (f)	сківіца (ж)	['skivitsa]
bochecha (f)	шчака (ж)	[ʃʧa'ka]

testa (f)	лоб (м)	['lɔp]
têmpora (f)	скронь (ж)	['skrɔnʲ]
orelha (f)	вуха (н)	['vuha]
nuca (f)	патыліца (ж)	[pa'tɨlitsa]
pescoço (m)	шыя (ж)	['ʃɨʲa]
garganta (f)	горла (н)	['ɦɔrla]

cabelos (m pl)	валасы (м мн)	[vala'sɨ]
penteado (m)	прычоска (ж)	[pri'tʃɔska]
corte (m) de cabelo	стрыжка (ж)	['strɨʃka]
peruca (f)	парык (м)	[pa'rɨk]

bigode (m)	вусы (м мн)	['vusɨ]
barba (f)	барада (ж)	[bara'da]
usar, ter (~ barba, etc.)	насіць	[na'sitsʲ]
trança (f)	каса (ж)	[ka'sa]
suíças (f pl)	бакенбарды (мн)	[baken'bardɨ]
ruivo	рыжы	['rɨʒɨ]
grisalho	сівы	[si'vɨ]

calvo	лысы	['lɨsɨ]
calva (f)	лысіна (ж)	['lɨsina]
rabo-de-cavalo (m)	хвост (м)	['hvɔst]
franja (f)	чубок (м)	[tʃu'bɔk]

25. Corpo humano

| mão (f) | кісць (ж) | ['kistsʲ] |
| braço (m) | рука (ж) | [ru'ka] |

dedo (m)	палец (м)	['palets]
dedo (m) do pé	палец (м)	['palets]
polegar (m)	вялікі палец (м)	[vʲa'liki 'palets]
dedo (m) mindinho	мезенец (м)	['mezenets]
unha (f)	пазногаць (м)	[paz'nɔhatsʲ]

punho (m)	кулак (м)	[ku'lak]
palma (f) da mão	далонь (ж)	[da'lɔnʲ]
pulso (m)	запясце (н)	[za'pʲasʲtse]
antebraço (m)	перадплечча (н)	[perat'pletʃa]
cotovelo (m)	локаць (м)	['lɔkatsʲ]
ombro (m)	плячо (н)	[plʲa'tʃɔ]

perna (f)	нага (ж)	[na'ɦa]
pé (m)	ступня (ж)	[stup'nʲa]
joelho (m)	калена (н)	[ka'lena]
barriga (f) da perna	лытка (ж)	['lɨtka]
anca (f)	сцягно (н)	[stsʲaɦ'nɔ]
calcanhar (m)	пятка (ж)	['pʲatka]

corpo (m)	цела (н)	['tsela]
barriga (f)	жывот (м)	[ʒɨ'vɔt]
peito (m)	грудзі (мн)	['ɦrudzi]
seio (m)	грудзі (мн)	['ɦrudzi]
lado (m)	бок (м)	['bɔk]
costas (f pl)	спіна (ж)	['spina]
região (f) lombar	паясніца (ж)	[paʲas'nitsa]
cintura (f)	талія (ж)	['talʲia]

umbigo (m)	пупок (м)	[pu'pɔk]
nádegas (f pl)	ягадзіцы (ж мн)	[ʲaɦadzitsi]
traseiro (m)	зад (м)	['zat]

sinal (m)	радзімка (ж)	[ra'dzimka]
sinal (m) de nascença	радзімая пляма (ж)	[ra'dzimaʲa 'plʲama]
tatuagem (f)	татуіроўка (ж)	[tatui'rɔwka]
cicatriz (f)	шрам (м)	['ʃram]

Vestuário & Acessórios

26. Roupa exterior. Casacos

roupa (f)	адзенне (н)	[a'dzenne]
roupa (f) exterior	вопратка (ж)	['vɔpratka]
roupa (f) de inverno	зімовая вопратка (ж)	[zi'mɔvaʲa 'vɔpratka]
sobretudo (m)	паліто (н)	[pali'tɔ]
casaco (m) de peles	футра (н)	['futra]
casaco curto (m) de peles	паўкажушак (м)	[pawka'ʒwʃak]
casaco (m) acolchoado	пухавік (м)	[puha'vik]
casaco, blusão (m)	куртка (ж)	['kurtka]
impermeável (m)	плашч (м)	['plaʃc]
impermeável	непрамакальны	[neprama'kalʲni]

27. Vestuário de homem & mulher

camisa (f)	кашуля (ж)	[ka'ʃulʲa]
calças (f pl)	штаны (мн)	[ʃta'ni]
calças (f pl) de ganga	джынсы (мн)	['dʒinsi]
casaco (m) de fato	пінжак (м)	[pin'ʒak]
fato (m)	касцюм (м)	[kas'tsʉm]
vestido (ex. ~ vermelho)	сукенка (ж)	[su'kenka]
saia (f)	спадніца (ж)	[spad'nitsa]
blusa (f)	блузка (ж)	['bluska]
casaco (m) de malha	кофта (ж)	['kɔfta]
casaco, blazer (m)	жакет (м)	[ʒa'ket]
T-shirt, camiseta (f)	футболка (ж)	[fud'bɔlka]
calções (Bermudas, etc.)	шорты (мн)	['ʃɔrti]
fato (m) de treino	спартыўны касцюм (м)	[spar'tiwni kas'tsʉm]
roupão (m) de banho	халат (м)	[ha'lat]
pijama (m)	піжама (ж)	[pi'ʒama]
suéter (m)	світэр (м)	['svitɛr]
pulôver (m)	пуловер (м)	[pu'lɔver]
colete (m)	камізэлька (ж)	[kami'zɛlʲka]
fraque (m)	фрак (м)	['frak]
smoking (m)	смокінг (м)	['smɔkinɦ]
uniforme (m)	форма (ж)	['fɔrma]
roupa (f) de trabalho	працоўнае адзенне (н)	[pra'tsownae a'dzenne]
fato-macaco (m)	камбінезон (м)	[kambine'zɔn]
bata (~ branca, etc.)	халат (м)	[ha'lat]

28. Vestuário. Roupa interior

roupa (f) interior	бялізна (ж)	[bʲa'lizna]
cuecas boxer (f pl)	трусы (мн)	[tru'sɨ]
cuecas (f pl)	трусікі (мн)	['trusiki]
camisola (f) interior	майка (ж)	['majka]
peúgas (f pl)	шкарпэткі (ж мн)	[ʃkar'pɛtki]
camisa (f) de noite	начная кашуля (ж)	[natʃ'naʲa ka'ʃulʲa]
sutiã (m)	бюстгальтар (м)	[bʉz'halʲtar]
meias longas (f pl)	гольфы (мн)	['hɔlʲfi]
meia-calça (f)	калготкі (мн)	[kal'hɔtki]
meias (f pl)	панчохі (ж мн)	[pan'tʃɔhi]
fato (m) de banho	купальнік (м)	[ku'palʲnik]

29. Adereços de cabeça

chapéu (m)	шапка (ж)	['ʃapka]
chapéu (m) de feltro	капялюш (м)	[kapʲa'lʉʃ]
boné (m) de beisebol	бейсболка (ж)	[bejz'bɔlka]
boné (m)	кепка (ж)	['kepka]
boina (f)	берэт (м)	[bʲa'rɛt]
capuz (m)	капюшон (м)	[kapʉ'ʃɔn]
panamá (m)	панамка (ж)	[pa'namka]
gorro (m) de malha	вязаная шапачка (ж)	[vʲazanaʲa 'ʃapatʃka]
lenço (m)	хустка (ж)	['hustka]
chapéu (m) de mulher	капялюшык (м)	[kapʲa'lʉʃik]
capacete (m) de proteção	каска (ж)	['kaska]
bibico (m)	пілотка (ж)	[pi'lɔtka]
capacete (m)	шлем (м)	['ʃlem]
chapéu-coco (m)	кацялок (м)	[katsʲa'lɔk]
chapéu (m) alto	цыліндр (м)	[tsɨ'lindr]

30. Calçado

calçado (m)	абутак (м)	[a'butak]
botinas (f pl)	чаравікі (м мн)	[tʃara'viki]
sapatos (de salto alto, etc.)	туфлі (м мн)	['tufli]
botas (f pl)	боты (м мн)	['bɔti]
pantufas (f pl)	тапачкі (ж мн)	['tapatʃki]
ténis (m pl)	красоўкі (ж мн)	[kra'sɔwki]
sapatilhas (f pl)	кеды (м мн)	['kedɨ]
sandálias (f pl)	сандалі (ж мн)	[san'dali]
sapateiro (m)	шавец (м)	[ʃa'vets]
salto (m)	абцас (м)	[ap'tsas]

par (m)	пара (ж)	['para]
atacador (m)	шнурок (м)	[ʃnu'rɔk]
apertar os atacadores	шнуравець	[ʃnura'vatsʲ]
calçadeira (f)	ражок (м)	[ra'ʒɔk]
graxa (f) para calçado	крэм (м) для абутку	['krɛm dlʲa a'butku]

31. Acessórios pessoais

luvas (f pl)	пальчаткі (ж мн)	[palʲ'tʃatki]
mitenes (f pl)	рукавіцы (ж мн)	[ruka'vitsʲi]
cachecol (m)	шалік (м)	['ʃalik]

óculos (m pl)	акуляры (мн)	[aku'lʲari]
armação (f) de óculos	аправа (ж)	[a'prava]
guarda-chuva (m)	парасон (м)	[para'sɔn]
bengala (f)	палка (ж)	['palka]
escova (f) para o cabelo	шчотка (ж) для валасоў	['ʃɕotka dlʲa vala'sɔw]
leque (m)	веер (м)	['veer]

gravata (f)	гальштук (м)	['halʲʃtuk]
gravata-borboleta (f)	гальштук-мушка (ж)	['halʲʃtuk 'muʃka]
suspensórios (m pl)	шлейкі (мн)	['ʃlejki]
lenço (m)	насоўка (ж)	[na'sɔwka]

pente (m)	грабянец (м)	[hrabʲa'nets]
travessão (m)	заколка (ж)	[za'kɔlka]
gancho (m) de cabelo	шпілька (ж)	['ʃpilʲka]
fivela (f)	спражка (ж)	['spraʃka]

| cinto (m) | пояс (м) | ['pɔʲas] |
| correia (f) | рэмень (м) | ['rɛmenʲ] |

mala (f)	сумка (ж)	['sumka]
mala (f) de senhora	сумачка (ж)	['sumatʃka]
mochila (f)	рукзак (м)	[rug'zak]

32. Vestuário. Diversos

moda (f)	мода (ж)	['mɔda]
na moda	модны	['mɔdnɨ]
estilista (m)	мадэльер (м)	[madɛ'lʲer]

colarinho (m), gola (f)	каўнер (м)	[kaw'ner]
bolso (m)	кішэня (ж)	[ki'ʃɛnʲa]
de bolso	кішэнны	[ki'ʃɛnnɨ]
manga (f)	рукаў (м)	[ru'kaw]
alcinha (f)	вешалка (ж)	['veʃalka]
braguilha (f)	прарэх (м)	[pra'rɛh]

fecho (m) de correr	маланка (ж)	[ma'lanka]
fecho (m), colchete (m)	зашпілька (ж)	[za'ʃpilʲka]
botão (m)	гузік (м)	['huzik]

casa (f) de botão	прарэшак (м)	[pra'rɛʃak]
soltar-se (vr)	адарвацца	[adar'vatsa]

coser, costurar (vi)	шыць	['ʃitsʲ]
bordar (vt)	вышываць	[viʃi'vatsʲ]
bordado (m)	вышыўка (ж)	['viʃiwka]
agulha (f)	іголка (ж)	[i'ɦolka]
fio (m)	нітка (ж)	['nitka]
costura (f)	шво (н)	['ʃvɔ]

sujar-se (vr)	запэцкацца	[za'pɛtskatsa]
mancha (f)	пляма (ж)	['plʲama]
engelhar-se (vr)	памяцца	[pa'mʲatsa]
rasgar (vt)	падраць	[pad'ratsʲ]
traça (f)	моль (ж)	['mɔlʲ]

33. Cuidados pessoais. Cosméticos

pasta (f) de dentes	зубная паста (ж)	[zub'naʲa 'pasta]
escova (f) de dentes	зубная шчотка (ж)	[zub'naʲa 'ʃɕotka]
escovar os dentes	чысціць зубы	[tʃisʲtsitsʲ zu'bi]

máquina (f) de barbear	брытва (ж)	['britva]
creme (m) de barbear	крэм (м) для галення	['krɛm dlʲa ɦa'lɛnnʲa]
barbear-se (vr)	галіцца	[ɦa'litsa]

sabonete (m)	мыла (н)	['miła]
champô (m)	шампунь (м)	[ʃam'punʲ]

tesoura (f)	нажніцы (мн)	[naʒ'nitsɨ]
lima (f) de unhas	пілачка (ж) для пазногцяў	['pilatʃka dlʲa paz'nɔɦtsʲaw]
corta-unhas (m)	шчыпчыкі (мн)	['ʃɕiptʃiki]
pinça (f)	пінцэт (м)	[pin'tsɛt]

cosméticos (m pl)	касметыка (ж)	[kas'metika]
máscara (f) facial	маска (ж)	['maska]
manicura (f)	манікюр (м)	[mani'kʉr]
fazer a manicura	рабіць манікюр	[ra'bitsʲ mani'kʉr]
pedicure (f)	педыкюр (м)	[pedi'kʉr]

mala (f) de maquilhagem	касметычка (ж)	[kasme'titʃka]
pó (m)	пудра (ж)	['pudra]
caixa (f) de pó	пудраніца (ж)	['pudranitsa]
blush (m)	румяны (мн)	[ru'mʲani]

perfume (m)	парфума (ж)	[par'fuma]
água (f) de toilette	туалетная вада (ж)	[tua'letnaʲa va'da]
loção (f)	ласьён (м)	[la'sʲɔn]
água-de-colónia (f)	адэкалон (м)	[adɛka'lɔn]

sombra (f) de olhos	цені (м мн) для павек	['tseni dlʲa pa'vek]
lápis (m) delineador	аловак (м) для вачэй	[a'lɔvaɦ dlʲa va'tʃɛj]
máscara (f), rímel (m)	туш (ж)	['tuʃ]
batom (m)	губная памада (ж)	[ɦub'naʲa pa'mada]

verniz (m) de unhas	лак (м) для пазногцяў	['laɦ dlʲa paz'nɔɦtsʲaw]
laca (f) para cabelos	лак (м) для валасоў	['laɦ dlʲa vala'sɔw]
desodorizante (m)	дэзадарант (м)	[dɛzada'rant]
creme (m)	крэм (м)	['krɛm]
creme (m) de rosto	крэм (м) для твару	['krɛm dlʲa 'tvaru]
creme (m) de mãos	крэм (м) для рук	['krɛm dlʲa 'ruk]
creme (m) antirrugas	крэм (м) супраць зморшчын	['krɛm 'supratsʲ 'zmɔrʃɕin]
creme (m) de dia	дзённы крэм (м)	['dzʲonnɨ 'krɛm]
creme (m) de noite	начны крэм (м)	[natʃʹnɨ 'krɛm]
de dia	дзённы	['dzʲonnɨ]
da noite	начны	[natʃʹnɨ]
tampão (m)	тампон (м)	[tam'pɔn]
papel (m) higiénico	туалетная папера (ж)	[tua'letnaʲa pa'pera]
secador (m) elétrico	фен (м)	['fen]

34. Relógios de pulso. Relógios

relógio (m) de pulso	гадзіннік (м)	[ɦa'dzinnik]
mostrador (m)	цыферблат (м)	[tsifer'blat]
ponteiro (m)	стрэлка (ж)	['strɛlka]
bracelete (f) em aço	бранзалет (м)	[branza'let]
bracelete (f) em couro	раменьчык (м)	[ra'menʲtʃik]
pilha (f)	батарэйка (ж)	[bata'rɛjka]
descarregar-se	сесці	['sesʲtsi]
trocar a pilha	памяняць батарэйку	[pamʲa'nʲatsʲ bata'rɛjku]
estar adiantado	спяшацца	[spʲa'ʃatsa]
estar atrasado	адставаць	[atsta'vatsʲ]
relógio (m) de parede	гадзіннік (м) насценны	[ɦa'dzinnik nas'tsenni]
ampulheta (f)	гадзіннік (м) пясочны	[ɦa'dzinnik pʲa'sɔtʃni]
relógio (m) de sol	гадзіннік (м) сонечны	[ɦa'dzinnik 'sɔnetʃni]
despertador (m)	будзільнік (м)	[bu'dzilʲnik]
relojoeiro (m)	гадзіншчык (м)	[ɦa'dzinʃɕik]
reparar (vt)	рамантаваць	[ramanta'vatsʲ]

Alimentação. Nutrição

35. Comida

carne (f)	мяса (н)	['mʲasa]
galinha (f)	курыца (ж)	['kuritsa]
frango (m)	кураня (н)	[kura'nʲa]
pato (m)	качка (ж)	['katʃka]
ganso (m)	гусь (ж)	['husʲ]
caça (f)	дзічына (ж)	[dzi'tʃina]
peru (m)	індычка (ж)	[in'ditʃka]
carne (f) de porco	свініна (ж)	[svi'nina]
carne (f) de vitela	цяляціна (ж)	[tsʲa'lʲatsina]
carne (f) de carneiro	бараніна (ж)	[ba'ranina]
carne (f) de vaca	ялавічына (ж)	['ʲalavitʃina]
carne (f) de coelho	трус (м)	['trus]
chouriço, salsichão (m)	каўбаса (ж)	[kawba'sa]
salsicha (f)	сасіска (ж)	[sa'siska]
bacon (m)	бекон (м)	[be'kɔn]
fiambre (f)	вяндліна (ж)	[vʲand'lina]
presunto (m)	кумпяк (м)	[kum'pʲak]
patê (m)	паштэт (м)	[paʃ'tɛt]
fígado (m)	печань (ж)	['petʃanʲ]
carne (f) moída	фарш (м)	['farʃ]
língua (f)	язык (м)	[ʲa'zik]
ovo (m)	яйка (н)	['ʲajka]
ovos (m pl)	яйкі (н мн)	['ʲajki]
clara (f) do ovo	бялок (м)	[bʲa'lɔk]
gema (f) do ovo	жаўток (м)	[ʒaw'tɔk]
peixe (m)	рыба (ж)	['riba]
mariscos (m pl)	морапрадукты (м мн)	[mɔrapra'duktɨ]
crustáceos (m pl)	ракападобныя (мн)	[rakapa'dɔbnʲʲa]
caviar (m)	ікра (ж)	[ik'ra]
caranguejo (m)	краб (м)	['krap]
camarão (m)	крэветка (ж)	[krɛ'vetka]
ostra (f)	вустрыца (ж)	['vustritsa]
lagosta (f)	лангуст (м)	[lan'hust]
polvo (m)	васьміног (м)	[vasʲmi'nɔɦ]
lula (f)	кальмар (м)	[kalʲ'mar]
esturjão (m)	асятрына (ж)	[asʲa'trina]
salmão (m)	ласось (м)	[la'sɔsʲ]
halibute (m)	палтус (м)	['paltus]
bacalhau (m)	траска (ж)	[tras'ka]

cavala, sarda (f)	скумбрыя (ж)	['skumbriʲa]
atum (m)	тунец (м)	[tu'nets]
enguia (f)	вугор (м)	[vu'ɦɔr]
truta (f)	стронга (ж)	['strɔnɦa]
sardinha (f)	сардзіна (ж)	[sar'dzina]
lúcio (m)	шчупак (м)	[ʃɕu'pak]
arenque (m)	селядзец (м)	[selʲa'dzets]
pão (m)	хлеб (м)	['hlep]
queijo (m)	сыр (м)	['sir]
açúcar (m)	цукар (м)	['tsukar]
sal (m)	соль (ж)	['sɔlʲ]
arroz (m)	рыс (м)	['ris]
massas (f pl)	макарона (ж)	[maka'rɔna]
talharim (m)	локшына (ж)	['lɔkʃina]
manteiga (f)	масла (н)	['masla]
óleo (m) vegetal	алей (м)	[a'lej]
óleo (m) de girassol	сланечнікавы алей (м)	[sla'netʃnikavɨ a'lej]
margarina (f)	маргарын (м)	[marɦa'rin]
azeitonas (f pl)	алівы (ж мн)	[a'livɨ]
azeite (m)	алей (м) аліўкавы	[a'lej a'liwkavɨ]
leite (m)	малако (н)	[mala'kɔ]
leite (m) condensado	згушчанае малако (н)	['zɦuʃɕanae mala'kɔ]
iogurte (m)	ёгурт (м)	['ʲoɦurt]
nata (f) azeda	смятана (ж)	[smʲa'tana]
nata (f) do leite	вяршкі (мн)	[vʲar'ʃki]
maionese (f)	маянэз (м)	[maʲa'nɛs]
creme (m)	крэм (м)	['krɛm]
grãos (m pl) de cereais	крупы (мн)	['krupɨ]
farinha (f)	мука (ж)	[mu'ka]
enlatados (m pl)	кансервы (ж мн)	[kan'servɨ]
flocos (m pl) de milho	кукурузныя шматкі (м мн)	[kuku'ruznɨʲa ʃmat'ki]
mel (m)	мёд (м)	['mʲot]
doce (m)	джэм (м)	['dʒɛm]
pastilha (f) elástica	жавальная гумка (ж)	[ʒa'valʲnaʲa 'ɦumka]

36. Bebidas

água (f)	вада (ж)	[va'da]
água (f) potável	пітная вада (ж)	[pit'naʲa va'da]
água (f) mineral	мінеральная вада (ж)	[mine'ralʲnaʲa va'da]
sem gás	без газу	[bʲaz 'ɦazu]
gaseificada	газіраваны	[ɦazira'vanɨ]
com gás	з газам	[z 'ɦazam]
gelo (m)	лёд (м)	['lʲot]

com gelo	з лёдам	[zʲ 'lʲodam]
sem álcool	безалкагольны	[bezalka'hɔlʲnɨ]
bebida (f) sem álcool	безалкагольны напітак (м)	[bezalka'hɔlʲnɨ na'pitak]
refresco (m)	прахаладжальны напітак (м)	[prahala'dʒalʲnɨ na'pitak]
limonada (f)	ліманад (м)	[lima'nat]
bebidas (f pl) alcoólicas	алкагольныя напіткі (м мн)	[alka'hɔlʲnɨʲa na'pitki]
vinho (m)	віно (н)	[vi'nɔ]
vinho (m) branco	белае віно (н)	['belae vi'nɔ]
vinho (m) tinto	чырвонае віно (н)	[tʃɨr'vɔnae vi'nɔ]
licor (m)	лікёр (м)	[li'kʲor]
champanhe (m)	шампанскае (н)	[ʃam'panskae]
vermute (m)	вермут (м)	['vermut]
uísque (m)	віскі (н)	['viski]
vodka (f)	гарэлка (ж)	[ɦa'rɛlka]
gim (m)	джын (м)	['dʒɨn]
conhaque (m)	каньяк (м)	[ka'nʲak]
rum (m)	ром (м)	['rɔm]
café (m)	кава (ж)	['kava]
café (m) puro	чорная кава (ж)	['tʃɔrnaʲa 'kava]
café (m) com leite	кава (ж) з малаком	['kava z mala'kɔm]
cappuccino (m)	кава (ж) з вяршкамі	['kava zʲ vʲarʃ'kami]
café (m) solúvel	растваральная кава (ж)	[rastva'ralʲnaʲa 'kava]
leite (m)	малако (н)	[mala'kɔ]
coquetel (m)	кактэйль (м)	[kak'tɛjlʲ]
batido (m) de leite	малочны кактэйль (м)	[ma'lɔtʃnɨ kak'tɛjlʲ]
sumo (m)	сок (м)	['sɔk]
sumo (m) de tomate	таматны сок (м)	[ta'matnɨ 'sɔk]
sumo (m) de laranja	апельсінавы сок (м)	[apelʲ'sinavɨ 'sɔk]
sumo (m) fresco	свежавыціснуты сок (м)	[sveʒa'vɨtsisnutɨ 'sɔk]
cerveja (f)	піва (н)	['piva]
cerveja (f) clara	светлае піва (н)	['svetlae 'piva]
cerveja (f) preta	цёмнае піва (н)	['tsʲomnae 'piva]
chá (m)	чай (м)	['tʃaj]
chá (m) preto	чорны чай (м)	['tʃɔrnɨ 'tʃaj]
chá (m) verde	зялёны чай (м)	[zʲa'lʲonɨ 'tʃaj]

37. Vegetais

legumes (m pl)	гародніна (ж)	[ɦa'rɔdnina]
verduras (f pl)	зеляніна (ж)	[zelʲa'nina]
tomate (m)	памідор (м)	[pami'dɔr]
pepino (m)	агурок (м)	[aɦu'rɔk]
cenoura (f)	морква (ж)	['mɔrkva]
batata (f)	бульба (ж)	['bulʲba]

cebola (f)	цыбуля (ж)	[tsi'bulʲa]
alho (m)	часнок (м)	[tʃas'nɔk]
couve (f)	капуста (ж)	[ka'pusta]
couve-flor (f)	квяцістая капуста (ж)	[kvʲa'tsistaʲa ka'pusta]
couve-de-bruxelas (f)	брусельская капуста (ж)	[bru'selʲskaʲa ka'pusta]
brócolos (m pl)	капуста (ж) браколі	[ka'pusta bra'kɔli]
beterraba (f)	бурак (м)	[bu'rak]
beringela (f)	баклажан (м)	[bakla'ʒan]
curgete (f)	кабачок (м)	[kaba'tʃɔk]
abóbora (f)	гарбуз (м)	[ɦar'bus]
nabo (m)	рэпа (ж)	['rɛpa]
salsa (f)	пятрушка (ж)	[pʲat'ruʃka]
funcho, endro (m)	кроп (м)	['krɔp]
alface (f)	салата (ж)	[sa'lata]
aipo (m)	сельдэрэй (м)	[selʲdɛ'rɛj]
espargo (m)	спаржа (ж)	['sparʒa]
espinafre (m)	шпінат (м)	[ʃpi'nat]
ervilha (f)	гарох (м)	[ɦa'rɔh]
fava (f)	боб (м)	['bɔp]
milho (m)	кукуруза (ж)	[kuku'ruza]
feijão (m)	фасоля (ж)	[fa'sɔlʲa]
pimentão (m)	перац (м)	['perats]
rabanete (m)	радыска (ж)	[ra'diska]
alcachofra (f)	артышок (м)	[artiʲʃɔk]

38. Frutos. Nozes

fruta (f)	фрукт (м)	['frukt]
maçã (f)	яблык (м)	['ʲablik]
pera (f)	груша (ж)	['ɦruʃa]
limão (m)	лімон (м)	[li'mɔn]
laranja (f)	апельсін (м)	[apelʲ'sin]
morango (m)	клубніцы (ж мн)	[klub'nitsi]
tangerina (f)	мандарын (м)	[manda'rin]
ameixa (f)	сліва (ж)	['sliva]
pêssego (m)	персік (м)	['persik]
damasco (m)	абрыкос (м)	[abri'kɔs]
framboesa (f)	маліны (ж мн)	[ma'lini]
ananás (m)	ананас (м)	[ana'nas]
banana (f)	банан (м)	[ba'nan]
melancia (f)	кавун (м)	[ka'vun]
uva (f)	вінаград (м)	[vina'ɦrat]
ginja (f)	вішня (ж)	['viʃnʲa]
cereja (f)	чарэшня (ж)	[tʃa'rɛʃnʲa]
meloa (f)	дыня (ж)	['dinʲa]
toranja (f)	грэйпфрут (м)	[ɦrɛjp'frut]
abacate (m)	авакада (н)	[ava'kada]

T&P Books. Vocabulário Português-Bielorrusso - 5000 palavras

papaia (f)	папайя (ж)	[pa'paʲa]
manga (f)	манга (н)	['manɦa]
romã (f)	гранат (м)	[ɦra'nat]

groselha (f) vermelha	чырвоныя парэчкі (ж мн)	[ʧir'vɔnʲa pa'rɛʧki]
groselha (f) preta	чорныя парэчкі (ж мн)	['ʧɔrnʲa pa'rɛʧki]
groselha (f) espinhosa	агрэст (м)	[aɦ'rɛst]
mirtilo (m)	чарніцы (ж мн)	[ʧar'nitsi]
amora silvestre (f)	ажыны (ж мн)	[a'ʒini]

uvas (f pl) passas	разынкі (ж мн)	[ra'zinki]
figo (m)	інжыр (м)	[in'ʒir]
tâmara (f)	фінік (м)	['finik]

amendoim (m)	арахіс (м)	[a'rahis]
amêndoa (f)	міндаль (м)	[min'dalʲ]
noz (f)	арэх (м)	[a'rɛh]
avelã (f)	арэх (м)	[a'rɛh]
coco (m)	арэх (м) какосавы	[a'rɛh ka'kɔsavi]
pistáchios (m pl)	фісташкі (ж мн)	[fis'taʃki]

39. Pão. Bolaria

pastelaria (f)	кандытарскія вырабы (м мн)	[kan'ditarskiʲa 'vɨrabɨ]
pão (m)	хлеб (м)	['hlep]
bolacha (f)	печыва (н)	['peʧiva]

chocolate (m)	шакалад (м)	[ʃaka'lat]
de chocolate	шакаладны	[ʃaka'ladnɨ]
rebuçado (m)	цукерка (ж)	[tsu'kerka]
bolo (cupcake, etc.)	пірожнае (н)	[pi'rɔʒnae]
bolo (m) de aniversário	торт (м)	['tɔrt]

| tarte (~ de maçã) | пірог (м) | [pi'rɔɦ] |
| recheio (m) | начынка (ж) | [na'ʧinka] |

doce (m)	варэнне (н)	[va'rɛnne]
geleia (f) de frutas	мармелад (м)	[marme'lat]
waffle (m)	вафлі (ж мн)	['vafli]
gelado (m)	марожанае (н)	[ma'rɔʒanae]

40. Pratos cozinhados

prato (m)	страва (ж)	['strava]
cozinha (~ portuguesa)	кухня (ж)	['kuhnʲa]
receita (f)	рэцэпт (м)	[rɛ'tsɛpt]
porção (f)	порцыя (ж)	['pɔrtsʲa]

salada (f)	салата (ж)	[sa'lata]
sopa (f)	суп (м)	['sup]
caldo (m)	булён (м)	[bu'lʲon]

sandes (f)	бутэрброд (м)	[butɛr'brɔt]
ovos (m pl) estrelados	яечня (ж)	[ʲa'etʃnʲa]
hambúrguer (m)	гамбургер (м)	['ɦamburɦer]
bife (m)	біфштэкс (м)	[bif'ʃtɛks]
conduto (m)	гарнір (м)	[ɦar'nir]
espaguete (m)	спагеці (мн)	[spa'ɦetsi]
puré (m) de batata	бульбяное пюрэ (н)	[bulʲbʲa'nɔe pʉ'rɛ]
pizza (f)	піца (ж)	['pitsa]
papa (f)	каша (ж)	['kaʃa]
omelete (f)	амлет (м)	[am'let]
cozido em água	вараны	['varani̇]
fumado	вэнджаны	['vɛndʒani̇]
frito	смажаны	['smaʒani̇]
seco	сушаны	['suʃani̇]
congelado	замарожаны	[zama'rɔʒani̇]
em conserva	марынаваны	[marina'vani̇]
doce (açucarado)	салодкі	[sa'lɔtki]
salgado	салёны	[sa'lʲoni̇]
frio	халодны	[ɦa'lɔdni̇]
quente	гарачы	[ɦa'ratʃi]
amargo	горкі	['ɦɔrki]
gostoso	смачны	['smatʃni̇]
cozinhar (em água a ferver)	варыць	[va'ritsʲ]
fazer, preparar (vt)	гатаваць	[ɦata'vatsʲ]
fritar (vt)	смажыць	['smaʒitsʲ]
aquecer (vt)	разагравацць	[razaɦra'vatsʲ]
salgar (vt)	саліць	[sa'litsʲ]
apimentar (vt)	перчыць	['pertʃitsʲ]
ralar (vt)	драць	['dratsʲ]
casca (f)	лупіна (ж)	[lu'pina]
descascar (vt)	абіраць	[abi'ratsʲ]

41. Especiarias

sal (m)	соль (ж)	['sɔlʲ]
salgado	салёны	[sa'lʲoni̇]
salgar (vt)	саліць	[sa'litsʲ]
pimenta (f) preta	чорны перац (м)	['tʃɔrni̇ 'perats]
pimenta (f) vermelha	чырвоны перац (м)	[tʃir'vɔni̇ 'perats]
mostarda (f)	гарчыца (ж)	[ɦar'tʃitsa]
raiz-forte (f)	хрэн (м)	['ɦrɛn]
condimento (m)	прыправа (ж)	[prip'rava]
especiaria (f)	духмяная спецыя (ж)	[duɦ'mʲanaʲa 'spetsiʲa]
molho (m)	соус (м)	['sɔus]
vinagre (m)	воцат (м)	['vɔtsat]
anis (m)	аніс (м)	[a'nis]

manjericão (m)	базілік (м)	[bazi'lik]
cravo (m)	гваздзіка (ж)	[ɦvazʲ'dzika]
gengibre (m)	імбір (м)	[im'bir]
coentro (m)	каляндра (ж)	[ka'lʲandra]
canela (f)	карыца (ж)	[ka'ritsa]

sésamo (m)	кунжут (м)	[kun'ʒut]
folhas (f pl) de louro	лаўровы ліст (м)	[law'rɔvɨ 'list]
páprica (f)	папрыка (ж)	['paprika]
cominho (m)	кмен (м)	['kmen]
açafrão (m)	шафран (м)	[ʃafˈran]

42. Refeições

| comida (f) | ежа (ж) | ['eʒa] |
| comer (vt) | есці | ['esʲtsi] |

pequeno-almoço (m)	сняданак (м)	[snʲa'danak]
tomar o pequeno-almoço	снедаць	['snedatsʲ]
almoço (m)	абед (м)	[a'bet]
almoçar (vi)	абедаць	[a'bedatsʲ]
jantar (m)	вячэра (ж)	[vʲa'tʃɛra]
jantar (vi)	вячэраць	[vʲa'tʃɛratsʲ]

| apetite (m) | апетыт (м) | [ape'tit] |
| Bom apetite! | Смачна есці! | [smatʃna 'esʲtsi] |

abrir (~ uma lata, etc.)	адкрываць	[atkri'vatsʲ]
derramar (vt)	разліць	[raz'litsʲ]
derramar-se (vr)	разліцца	[raz'litsa]

ferver (vi)	кіпець	[ki'petsʲ]
ferver (vt)	кіпяціць	[kipʲa'tsitsʲ]
fervido	кіпячоны	[kipʲa'tʃɔnɨ]
arrefecer (vt)	астудзіць	[astu'dzitsʲ]
arrefecer-se (vr)	астуджвацца	[as'tudʒvatsa]

| sabor, gosto (m) | смак (м) | ['smak] |
| gostinho (m) | прысмак (м) | ['prismak] |

fazer dieta	худзець	[hu'dzetsʲ]
dieta (f)	дыета (ж)	[di'eta]
vitamina (f)	вітамін (м)	[vita'min]
caloria (f)	калорыя (ж)	[ka'lɔrʲa]

| vegetariano (m) | вегетарыянец (м) | [veɦetariʲanets] |
| vegetariano | вегетарыянскі | [veɦetariʲanski] |

gorduras (f pl)	тлушчы (м мн)	[tlu'ʃtɕi]
proteínas (f pl)	бялкі (м мн)	[bʲal'ki]
carboidratos (m pl)	вугляводы (м мн)	[vuɦlʲa'vɔdɨ]
fatia (~ de limão, etc.)	лустачка (ж)	['lustatʃka]
pedaço (~ de bolo)	кавалак (м)	[ka'valak]
migalha (f)	крошка (ж)	['krɔʃka]

43. Por a mesa

colher (f)	лыжка (ж)	['lɨʃka]
faca (f)	нож (м)	['nɔʃ]
garfo (m)	відэлец (м)	[vi'dɛlɛts]
chávena (f)	кубак (м)	['kubak]
prato (m)	талерка (ж)	[ta'lerka]
pires (m)	сподак (м)	['spɔdak]
guardanapo (m)	сурвэтка (ж)	[sur'vɛtka]
palito (m)	зубачыстка (ж)	[zuba'tʃistka]

44. Restaurante

restaurante (m)	рэстаран (м)	[rɛsta'ran]
café (m)	кавярня (ж)	[ka'vʲarnʲa]
bar (m), cervejaria (f)	бар (м)	['bar]
salão (m) de chá	чайны салон (м)	['tʃajnɨ sa'lɔn]
empregado (m) de mesa	афіцыянт (м)	[afitsɨ'ʲant]
empregada (f) de mesa	афіцыянтка (ж)	[afitsɨ'ʲantka]
barman (m)	бармэн (м)	[bar'mɛn]
ementa (f)	меню (н)	[me'nʉ]
lista (f) de vinhos	карта (ж) вінаў	['karta 'vinaw]
reservar uma mesa	забраніраваць столік	[zabra'niravatsʲ 'stɔlik]
prato (m)	страва (ж)	['strava]
pedir (vt)	заказаць	[zaka'zatsʲ]
fazer o pedido	зрабіць заказ	[zra'bitsʲ za'kas]
aperitivo (m)	аперытыў (м)	[aperi'tiw]
entrada (f)	закуска (ж)	[za'kuska]
sobremesa (f)	дэсерт (м)	[dɛ'sert]
conta (f)	рахунак (м)	[ra'hunak]
pagar a conta	аплаціць рахунак	[apla'tsitsʲ ra'hunak]
dar o troco	даць рэшту	['datsʲ 'rɛʃtu]
gorjeta (f)	чаявыя (мн)	[tʃaʲa'vʲiʲa]

Família, parentes e amigos

45. Informação pessoal. Formulários

nome (m)	імя (н)	[i'mʲa]
apelido (m)	прозвішча (н)	['prɔzʲviʃca]
data (f) de nascimento	дата (ж) нараджэння	['data nara'dʒɛnnʲa]
local (m) de nascimento	месца (н) нараджэння	['mesʲtsa nara'dʒɛnnʲa]
nacionalidade (f)	нацыянальнасць (ж)	[natsʲa'nalʲnastsʲ]
lugar (m) de residência	месца (н) жыхарства	['mesʲtsa ʒɨ'harstva]
país (m)	краіна (ж)	[kra'ina]
profissão (f)	прафесія (ж)	[pra'fesʲa]
sexo (m)	пол (м)	['pɔl]
estatura (f)	рост (м)	['rɔst]
peso (m)	вага (ж)	[va'ɦa]

46. Membros da família. Parentes

mãe (f)	маці (ж)	['matsi]
pai (m)	бацька (м)	['batsʲka]
filho (m)	сын (м)	['sin]
filha (f)	дачка (ж)	[datʃ'ka]
filha (f) mais nova	малодшая дачка (ж)	[ma'lɔtʃaʲa datʃ'ka]
filho (m) mais novo	малодшы сын (м)	[ma'lɔtʃɨ 'sin]
filha (f) mais velha	старэйшая дачка (ж)	[sta'rɛjʃaʲa datʃ'ka]
filho (m) mais velho	старэйшы сын (м)	[sta'rɛjʃɨ 'sin]
irmão (m)	брат (м)	['brat]
irmão (m) mais velho	старшы брат (м)	['starʃɨ 'brat]
irmão (m) mais novo	меншы брат (м)	['menʃɨ 'brat]
irmã (f)	сястра (ж)	[sʲast'ra]
irmã (f) mais velha	старшая сястра (ж)	['starʃaʲa sʲas'tra]
irmã (f) mais nova	малодшая сястра (ж)	[ma'lɔtʃaʲa sʲas'tra]
primo (m)	стрыечны брат (м)	[strɨ'etʃnɨ 'brat]
prima (f)	стрыечная сястра (ж)	[strɨ'etʃnaʲa sʲas'tra]
mamã (f)	мама (ж)	['mama]
papá (m)	тата (м)	['tata]
pais (pl)	бацькі (мн)	[batsʲ'ki]
criança (f)	дзіця (н)	[dzi'tsʲa]
crianças (f pl)	дзеці (н мн)	['dzetsi]
avó (f)	бабуля (ж)	[ba'bulʲa]
avô (m)	дзядуля (м)	[dzʲa'dulʲa]
neto (m)	унук (м)	[u'nuk]

neta (f)	унучка (ж)	[u'nutʃka]
netos (pl)	унукі (м мн)	[u'nuki]
tio (m)	дзядзька (м)	['dzʲatsʲka]
tia (f)	цётка (ж)	['tsʲotka]
sobrinho (m)	пляменнік (м)	[plʲa'mennik]
sobrinha (f)	пляменніца (ж)	[plʲa'mennitsa]
sogra (f)	цешча (ж)	['tseʃɕa]
sogro (m)	свёкар (м)	['svʲokar]
genro (m)	зяць (м)	['zʲatsʲ]
madrasta (f)	мачаха (ж)	['matʃaha]
padrasto (m)	айчым (м)	[aj'tʃim]
criança (f) de colo	грудное дзіця (н)	[ɦrud'nɔe dzi'tsʲa]
bebé (m)	немаўля (н)	[nemaw'lʲa]
menino (m)	малыш (м)	[ma'liʃ]
mulher (f)	жонка (ж)	['ʒɔnka]
marido (m)	муж (м)	['muʃ]
esposo (m)	муж (м)	['muʃ]
esposa (f)	жонка (ж)	['ʒɔnka]
casado	жанаты	[ʒa'nati]
casada	замужняя	[za'muʒnæʲa]
solteiro	халасты	[halas'ti]
solteirão (m)	халасцяк (м)	[halas'tsʲak]
divorciado	разведзены	[raz'vedzeni]
viúva (f)	удава (ж)	[u'dava]
viúvo (m)	удавец (м)	[uda'vets]
parente (m)	свaяк (м)	[svaʲak]
parente (m) próximo	блізкі свaяк (м)	[bliski svaʲak]
parente (m) distante	далёкі свaяк (м)	[da'lʲoki svaʲak]
parentes (m pl)	свaякі (м мн)	[svaʲa'ki]
órfão (m), órfã (f)	сірата (м, ж)	[sira'ta]
tutor (m)	апякун (м)	[apʲa'kun]
adotar (um filho)	усынавіць	[usina'vitsʲ]
adotar (uma filha)	удачарыць	[udatʃa'ritsʲ]

Medicina

47. Doenças

doença (f)	хвароба (ж)	[hva'rɔba]
estar doente	хварэць	[hva'rɛtsʲ]
saúde (f)	здароўе (н)	[zda'rɔwe]
nariz (m) a escorrer	насмарк (м)	['nasmark]
amigdalite (f)	ангіна (ж)	[an'ɦina]
constipação (f)	прастуда (ж)	[pra'studa]
constipar-se (vr)	прастудзіцца	[prastu'dzitsa]
bronquite (f)	бранхіт (м)	[bran'hit]
pneumonia (f)	запаленне (н) лёгкіх	[zapa'lenne 'lʲoɦkih]
gripe (f)	грып (м)	['ɦrip]
míope	блізарукі	[bliza'ruki]
presbita	дальназоркі	[dalʲna'zɔrki]
estrabismo (m)	касавокасць (ж)	[kasa'vɔkastsʲ]
estrábico	касавокі	[kasa'vɔki]
catarata (f)	катаракта (ж)	[kata'rakta]
glaucoma (m)	глаўкома (ж)	[ɦlaw'kɔma]
AVC (m), apoplexia (f)	інсульт (м)	[in'sulʲt]
ataque (m) cardíaco	інфаркт (м)	[in'farkt]
enfarte (m) do miocárdio	інфаркт (м) міякарда	[in'farkt miʲa'karda]
paralisia (f)	параліч (м)	[para'litʃ]
paralisar (vt)	паралізаваць	[paraliza'vatsʲ]
alergia (f)	алергія (ж)	[aler'ɦiʲa]
asma (f)	астма (ж)	['astma]
diabetes (f)	дыябет (м)	[dʲa'bet]
dor (f) de dentes	зубны боль (м)	[zub'nʲi 'bɔlʲ]
cárie (f)	карыес (м)	['karies]
diarreia (f)	дыярэя (ж)	[dʲa'rɛʲa]
prisão (f) de ventre	запор (м)	[za'pɔr]
desarranjo (m) intestinal	расстройства (н) страўніка	[ras'strɔjstva 'strawnika]
intoxicação (f) alimentar	атручванне (н)	[a'trutʃvanne]
intoxicar-se	атруціцца	[atru'tsitsa]
artrite (f)	артрыт (м)	[art'rit]
raquitismo (m)	рахіт (м)	[ra'hit]
reumatismo (m)	рэўматызм (м)	[rɛwma'tizm]
arteriosclerose (f)	атэрасклероз (м)	[atɛraskle'rɔs]
gastrite (f)	гастрыт (м)	[ɦas'trit]
apendicite (f)	апендыцыт (м)	[apendi'tsit]

colecistite (f)	халецыстыт (м)	[haletsis'tit]
úlcera (f)	язва (ж)	[ʲazva]
sarampo (m)	адзёр (м)	[a'dzʲor]
rubéola (f)	краснуха (ж)	[kras'nuha]
icterícia (f)	жаўтуха (ж)	[ʒaw'tuha]
hepatite (f)	гепатыт (м)	[ɦepa'tit]
esquizofrenia (f)	шызафрэнія (ж)	[ʃizafrɛ'niʲa]
raiva (f)	шаленства (н)	[ʃa'lenstva]
neurose (f)	неўроз (м)	[new'rɔs]
comoção (f) cerebral	страсенне (н) мазгоў	[stra'senne maz'ɦow]
cancro (m)	рак (м)	['rak]
esclerose (f)	склероз (м)	[skle'rɔs]
esclerose (f) múltipla	рассеяны склероз (м)	[ras'seʲanɨ skle'rɔs]
alcoolismo (m)	алкагалізм (м)	[alkaɦa'lizm]
alcoólico (m)	алкаголік (м)	[alka'ɦɔlik]
sífilis (f)	сіфіліс (м)	['sifilis]
SIDA (f)	СНІД (м)	['snit]
tumor (m)	пухліна (ж)	[puh'lina]
maligno	злаякасная	[zlaʲakasnaʲa]
benigno	дабраякасная	[dabraʲakasnaʲa]
febre (f)	ліхаманка (ж)	[liha'manka]
malária (f)	малярыя (ж)	[malʲa'rɨʲa]
gangrena (f)	гангрэна (ж)	[ɦan'ɦrɛna]
enjoo (m)	марская хвароба (ж)	[mar'skaʲa hva'rɔba]
epilepsia (f)	эпілепсія (ж)	[ɛpi'lepsiʲa]
epidemia (f)	эпідэмія (ж)	[ɛpi'dɛmiʲa]
tifo (m)	тыф (м)	['tif]
tuberculose (f)	сухоты (мн)	[su'hɔtɨ]
cólera (f)	халера (ж)	[ha'lera]
peste (f)	чума (ж)	[tʃu'ma]

48. Sintomas. Tratamentos. Parte 1

sintoma (m)	сімптом (м)	[simp'tɔm]
temperatura (f)	тэмпература (ж)	[tɛmpera'tura]
febre (f)	высокая тэмпература (ж)	[vi'sɔkaʲa tɛmpera'tura]
pulso (m)	пульс (м)	['pulʲs]
vertigem (f)	галавакружэнне (н)	[ɦalava'kruʒɛnne]
quente (testa, etc.)	гарачы	[ɦa'ratʃɨ]
calafrio (m)	дрыжыкі (мн)	['drɨʒɨki]
pálido	бледны	['blednɨ]
tosse (f)	кашаль (м)	['kaʃalʲ]
tossir (vi)	кашляць	['kaʃlʲatsʲ]
espirrar (vi)	чхаць	['tʃhatsʲ]
desmaio (m)	непрытомнасць (ж)	[nepri'tɔmnastsʲ]

desmaiar (vi)	страціць прытомнасць	[strat͡sit͡s pri'tɔmnast͡sʲ]
nódoa (f) negra	сіняк (м)	[si'nʲak]
galo (m)	гуз (м)	['ɦus]
magoar-se (vr)	стукнуцца	['stuknut͡sa]
pisadura (f)	выцятае месца (н)	[vit͡sʲatae 'mest͡sa]
aleijar-se (vr)	выцяцца	['vit͡sʲat͡sa]
coxear (vi)	кульгаць	[kulʲ'ɦat͡sʲ]
deslocação (f)	звіх (м)	['zʲvih]
deslocar (vt)	звіхнуць	[zʲvih'nut͡sʲ]
fratura (f)	пералом (м)	[pera'lɔm]
fraturar (vt)	атрымаць пералом	[atri'mat͡sʲ pera'lɔm]
corte (m)	парэз (м)	[pa'rɛs]
cortar-se (vr)	парэзацца	[pa'rɛzat͡sa]
hemorragia (f)	крывацёк (м)	[kriva't͡sʲok]
queimadura (f)	апёк (м)	[a'pʲok]
queimar-se (vr)	апячыся	[apʲa't͡ʂisʲa]
picar (vt)	укалоць	[uka'lɔt͡sʲ]
picar-se (vr)	укалоцца	[uka'lɔt͡sa]
lesionar (vt)	пашкодзіць	[paʃ'kɔdzit͡sʲ]
lesão (m)	пашкоджанне (н)	[paʃ'kɔdʒanne]
ferida (f), ferimento (m)	рана (ж)	['rana]
trauma (m)	траўма (ж)	['trawma]
delirar (vi)	трызніць	['trizʲnit͡sʲ]
gaguejar (vi)	заікацца	[zai'kat͡sa]
insolação (f)	сонечны ўдар (м)	['sɔnet͡ʂnɨ u'dar]

49. Sintomas. Tratamentos. Parte 2

dor (f)	боль (м)	['bɔlʲ]
farpa (no dedo)	стрэмка (ж)	['strɛmka]
suor (m)	пот (м)	['pɔt]
suar (vi)	пацець	[pa't͡sʲet͡sʲ]
vómito (m)	ваніты (мн)	[va'niti]
convulsões (f pl)	сутаргі (ж мн)	['sutarɦi]
grávida	цяжарная	[t͡sʲa'ʒarnaʲa]
nascer (vi)	нарадзіцца	[nara'dzit͡sa]
parto (m)	роды (мн)	['rɔdɨ]
dar à luz	нараджаць	[nara'dʒat͡sʲ]
aborto (m)	аборт (м)	[a'bɔrt]
respiração (f)	дыханне (н)	[di'ɦanne]
inspiração (f)	удых (м)	[u'dih]
expiração (f)	выдых (м)	['vidih]
expirar (vi)	выдыхнуць	['vidihnut͡sʲ]
inspirar (vi)	зрабіць удых	[zra'bit͡sʲ u'dih]
inválido (m)	інвалід (м)	[inva'lit]
aleijado (m)	калека (м, ж)	[ka'leka]

toxicodependente (m)	наркаман (м)	[narka'man]
surdo	глухі	[ɦlu'hi]
mudo	нямы	[nʲa'mi]
surdo-mudo	глуханямы	[ɦluhanʲa'mi]

louco (adj.)	звар'яцелы	[zvarʔʲa'tseli]
louco (m)	вар'ят (м)	[va'rʔʲat]
louca (f)	вар'ятка (ж)	[va'rʔʲatka]
ficar louco	звар'яцець	[zvarʔʲa'tsetsʲ]

gene (m)	ген (м)	['ɦen]
imunidade (f)	імунітэт (м)	[imuni'tɛt]
hereditário	спадчынны	['spatʃinni]
congénito	прыроджаны	[pri'rɔdʒani]

vírus (m)	вірус (м)	['virus]
micróbio (m)	мікроб (м)	[mik'rɔp]
bactéria (f)	бактэрыя (ж)	[bak'tɛriʲa]
infeção (f)	інфекцыя (ж)	[in'fektsiʲa]

50. Sintomas. Tratamentos. Parte 3

hospital (m)	бальніца (ж)	[balʲ'nitsa]
paciente (m)	пацыент (м)	[patsi'ent]

diagnóstico (m)	дыягназ (м)	[dɨʲaɦnas]
cura (f)	лячэнне (н)	[lʲa'tʃɛnne]
curar-se (vr)	лячыцца	[lʲa'tʃitsa]
tratar (vt)	лячыць	[lʲa'tʃitsʲ]
cuidar (pessoa)	даглядаць	[daɦlʲa'datsʲ]
cuidados (m pl)	догляд (м)	['dɔɦlʲat]

operação (f)	аперацыя (ж)	[ape'ratsiʲa]
enfaixar (vt)	перавязаць	[peravʲa'zatsʲ]
enfaixamento (m)	перавязванне (н)	[pera'vʲazvanne]

vacinação (f)	прышчэпка (ж)	[pri'ʃɕɛpka]
vacinar (vt)	рабіць прышчэпку	[ra'bitsʲ pri'ʃɕɛpku]
injeção (f)	укол (м)	[u'kɔl]
dar uma injeção	рабіць укол	[ra'bitsʲ u'kɔl]

ataque (~ de asma, etc.)	прыступ, прыпадак (м)	[pristup], [pri'padak]
amputação (f)	ампутацыя (ж)	[ampu'tatsiʲa]
amputar (vt)	ампутаваць	[amputa'vatsʲ]
coma (f)	кома (ж)	['kɔma]
estar em coma	быць у коме	[bitsʲ u 'kɔme]
reanimação (f)	рэанімацыя (ж)	[rɛani'matsiʲa]

recuperar-se (vr)	папраўляцца	[papraw'lʲatsa]
estado (~ de saúde)	стан (м)	['stan]
consciência (f)	прытомнасць (ж)	[pri'tɔmnastsʲ]
memória (f)	памяць (ж)	['pamʲatsʲ]
tirar (vt)	вырываць	[viri'vatsʲ]
chumbo (m), obturação (f)	пломба (ж)	['plɔmba]

chumbar, obturar (vt)	пламбіраваць	[plambira'vatsʲ]
hipnose (f)	гіпноз (м)	[ɦip'nɔs]
hipnotizar (vt)	гіпнатызаваць	[ɦipnatiza'vatsʲ]

51. Médicos

médico (m)	урач (м)	[u'ratʃ]
enfermeira (f)	медсястра (ж)	[metsʲas'tra]
médico (m) pessoal	асабісты ўрач (м)	[asa'bisti 'wratʃ]

dentista (m)	дантыст (м)	[dan'tist]
oculista (m)	акуліст (м)	[aku'list]
terapeuta (m)	тэрапеўт (м)	[tɛra'pewt]
cirurgião (m)	хірург (м)	[hi'rurɦ]

psiquiatra (m)	псіхіятр (м)	[psihi'ʲatr]
pediatra (m)	педыятр (м)	[pedi'ʲatr]
psicólogo (m)	псіхолаг (м)	[psi'hɔlaɦ]
ginecologista (m)	гінеколаг (м)	[ɦine'kɔlaɦ]
cardiologista (m)	кардыёлаг (м)	[kardi'ʲolaɦ]

52. Medicina. Drogas. Acessórios

medicamento (m)	лякарства (н)	[lʲa'karstva]
remédio (m)	сродак (м)	['srɔdak]
receitar (vt)	прапісаць	[prapi'satsʲ]
receita (f)	рэцэпт (м)	[rɛ'tsɛpt]

comprimido (m)	таблетка (ж)	[tab'letka]
pomada (f)	мазь (ж)	['mazʲ]
ampola (f)	ампула (ж)	['ampula]
preparado (m)	мікстура (ж)	[miks'tura]
xarope (m)	сіроп (м)	[si'rɔp]
cápsula (f)	пілюля (ж)	[pi'lʲulʲa]
remédio (m) em pó	парашок (м)	[para'ʃɔk]

ligadura (f)	бінт (м)	['bint]
algodão (m)	вата (ж)	['vata]
iodo (m)	ёд (м)	[ʲot]
penso (m) rápido	лейкапластыр (м)	[lejka'plastir]
conta-gotas (m)	піпетка (ж)	[pi'petka]
termómetro (m)	градуснік (м)	['ɦradusnik]
seringa (f)	шпрыц (м)	['ʃprits]

| cadeira (f) de rodas | каляска (ж) | [ka'lʲaska] |
| muletas (f pl) | мыліцы (ж мн) | ['mɨlitsɨ] |

analgésico (m)	абязбольвальнае (н)	[abʲaz'bɔlʲvalʲnae]
laxante (m)	слабіцельнае (н)	[sla'bitselʲnae]
álcool (m) etílico	спірт (м)	['spirt]
ervas (f pl) medicinais	трава (ж)	[tra'va]
de ervas (chá ~)	травяны	[travʲa'ni]

HABITAT HUMANO

Cidade

53. Cidade. Vida na cidade

cidade (f)	горад (м)	['hɔrat]
capital (f)	сталіца (ж)	[sta'litsa]
aldeia (f)	вёска (ж)	['vʲoska]

mapa (m) da cidade	план (м) горада	['plan 'hɔrada]
centro (m) da cidade	цэнтр (м) горада	['tsɛntr 'hɔrada]
subúrbio (m)	прыгарад (м)	['priɦarat]
suburbano	прыгарадны	['priɦaradnɨ]

periferia (f)	ускраіна (ж)	[us'kraina]
arredores (m pl)	наваколле (н)	[nava'kɔlʲe]
quarteirão (m)	квартал (м)	[kvar'tal]
quarteirão (m) residencial	жылы квартал (м)	[ʒɨ'lɨ kvar'tal]

tráfego (m)	вулічны рух (м)	['vulitʃnɨ 'ruh]
semáforo (m)	святлафор (м)	[svʲatla'fɔr]
transporte (m) público	гарадскі транспарт (м)	[ɦara'tski 'transpart]
cruzamento (m)	скрыжаванне (н)	[skrɨʒa'vanʲe]

passadeira (f)	пешаходны пераход (м)	[peʃa'hɔdnɨ pera'hɔt]
passagem (f) subterrânea	падземны пераход (м)	[pa'dzemnɨ pera'hɔt]
cruzar, atravessar (vt)	пераходзіць	[pera'hɔdzitsʲ]
peão (m)	пешаход (м)	[peʃa'hɔt]
passeio (m)	ходнік (м)	['hɔdnik]

ponte (f)	мост (м)	['mɔst]
margem (f) do rio	набярэжная (ж)	[nabʲa'rɛʒnaʲa]
fonte (f)	фантан (м)	[fan'tan]

alameda (f)	алея (ж)	[a'leʲa]
parque (m)	парк (м)	['park]
bulevar (m)	бульвар (м)	[bulʲ'var]
praça (f)	плошча (ж)	['plɔʃɕa]
avenida (f)	праспект (м)	[pras'pekt]
rua (f)	вуліца (ж)	['vulitsa]
travessa (f)	завулак (м)	[za'vulak]
beco (m) sem saída	тупік (м)	[tu'pik]

casa (f)	дом (м)	['dɔm]
edifício, prédio (m)	будынак (м)	[bu'dɨnak]
arranha-céus (m)	хмарачос (м)	[hmara'tʃɔs]
fachada (f)	фасад (м)	[fa'sat]
telhado (m)	дах (м)	['dah]

janela (f)	акно (н)	[ak'nɔ]
arco (m)	арка (ж)	['arka]
coluna (f)	калона (ж)	[ka'lɔna]
esquina (f)	рог (м)	['rɔɦ]
montra (f)	вітрына (ж)	[vit'rina]
letreiro (m)	шыльда (ж)	['ʃilʲda]
cartaz (m)	афіша (ж)	[a'fiʃa]
cartaz (m) publicitário	рэкламны плакат (м)	[rɛk'lamnɨ pla'kat]
painel (m) publicitário	рэкламны шчыт (м)	[rɛk'lamnɨ 'ɕit]
lixo (m)	смецце (н)	['smetse]
cesta (f) do lixo	урна (ж)	['urna]
jogar lixo na rua	насмечваць	[nas'metʃvatsʲ]
aterro (m) sanitário	сметнік (м)	['smetnik]
cabine (f) telefónica	тэлефонная будка (ж)	[tɛle'fɔnnaʲa 'butka]
candeeiro (m) de rua	ліхтарны слуп (м)	[lih'tarnɨ 'slup]
banco (m)	лаўка (ж)	['lawka]
polícia (m)	паліцэйскі (м)	[pali'tsɛjski]
polícia (instituição)	паліцыя (ж)	[pa'litsɨʲa]
mendigo (m)	жабрак (м)	[ʒab'rak]
sem-abrigo (m)	беспрытульны (м)	[bespri'tulʲni]

54. Instituições urbanas

loja (f)	крама (ж)	['krama]
farmácia (f)	аптэка (ж)	[ap'tɛka]
ótica (f)	оптыка (ж)	['ɔptika]
centro (m) comercial	гандлёвы цэнтр (м)	[ɦand'lʲovɨ 'tsɛntr]
supermercado (m)	супермаркет (м)	[super'market]
padaria (f)	булачная (ж)	['bulatʃnaʲa]
padeiro (m)	пекар (м)	['pekar]
pastelaria (f)	кандытарская (ж)	[kan'dɨtarskaʲa]
mercearia (f)	бакалея (ж)	[baka'leʲa]
talho (m)	мясная крама (ж)	[mʲas'naʲa 'krama]
loja (f) de legumes	крама (ж) гародніны	['krama ɦa'rɔdninɨ]
mercado (m)	рынак (м)	['rɨnak]
café (m)	кавярня (ж)	[ka'vʲarnʲa]
restaurante (m)	рэстаран (м)	[rɛsta'ran]
bar (m), cervejaria (f)	піўная (ж)	[piw'naʲa]
pizzaria (f)	піцэрыя (ж)	[pi'tsɛriʲa]
salão (m) de cabeleireiro	цырульня (ж)	[tsɨ'rulʲnʲa]
correios (m pl)	пошта (ж)	['pɔʃta]
lavandaria (f)	хімчыстка (ж)	[him'tʃistka]
estúdio (m) fotográfico	фотаатэлье (н)	[fɔtaatɛ'lʲe]
sapataria (f)	абуткова́я крама (ж)	[abut'kɔvaʲa 'krama]
livraria (f)	кнігарня (ж)	[kni'ɦarnʲa]

loja (f) de artigos de desporto	спартыўная крама (ж)	[spar'tiwnʲa 'krama]
reparação (f) de roupa	рамонт (м) адзення	[ra'mɔnt a'dzennʲa]
aluguer (m) de roupa	пракат (м) адзення	[pra'kat a'dzennʲa]
aluguer (m) de filmes	пракат (м) фільмаў	[pra'kat 'filʲmaw]

circo (m)	цырк (м)	['tsɨrk]
jardim (m) zoológico	заапарк (м)	[zaa'park]
cinema (m)	кінатэатр (м)	[kinatɛ'atr]
museu (m)	музей (м)	[mu'zej]
biblioteca (f)	бібліятэка (ж)	[biblʲa'tɛka]

teatro (m)	тэатр (м)	[tɛ'atr]
ópera (f)	опера (ж)	['ɔpera]
clube (m) noturno	начны клуб (м)	[natʃ'nɨ 'klup]
casino (m)	казіно (н)	[kazi'nɔ]

mesquita (f)	мячэць (ж)	[mʲa'tʃɛtsʲ]
sinagoga (f)	сінагога (ж)	[sina'hɔɦa]
catedral (f)	сабор (м)	[sa'bɔr]
templo (m)	храм (м)	['hram]
igreja (f)	царква (ж)	[tsark'va]

instituto (m)	інстытут (м)	[instɨ'tut]
universidade (f)	універсітэт (м)	[universi'tɛt]
escola (f)	школа (ж)	['ʃkɔla]

prefeitura (f)	прэфектура (ж)	[prɛfek'tura]
câmara (f) municipal	мэрыя (ж)	['mɛrʲʲa]
hotel (m)	гасцініца (ж)	[ɦas'tsinitsa]
banco (m)	банк (м)	['bank]

embaixada (f)	пасольства (н)	[pa'sɔlʲstva]
agência (f) de viagens	турагенцтва (н)	[tura'ɦentstva]
agência (f) de informações	бюро (н) даведак	[bʉ'rɔ da'vedak]
casa (f) de câmbio	абменны пункт (м)	[ab'mennɨ 'punkt]

metro (m)	метро (н)	[me'trɔ]
hospital (m)	бальніца (ж)	[balʲ'nitsa]

posto (m) de gasolina	бензазапраўка (ж)	['benza za'prawka]
parque (m) de estacionamento	аўтастаянка (ж)	[awtasta'ʲanka]

55. Sinais

letreiro (m)	шыльда (ж)	['ʃɨlʲda]
inscrição (f)	надпіс (м)	['natpis]
cartaz, póster (m)	плакат (м)	[pla'kat]
sinal (m) informativo	паказальнік (м)	[paka'zalʲnik]
seta (f)	стрэлка (ж)	['strɛlka]

aviso (advertência)	перасцярога (ж)	[perastsʲa'rɔɦa]
sinal (m) de aviso	папярэджанне (н)	[papʲa'rɛdʒanne]
avisar, advertir (vt)	папярэджваць	[papʲa'rɛdʒvatsʲ]
dia (m) de folga	выхадны дзень (м)	[vɨhad'nɨ 'dzenʲ]

horário (m)	расклад (м)	[ras'klat]
horário (m) de funcionamento	гадзіны (ж мн) працы	[ħa'dzinɨ 'pratsi]
BEM-VINDOS!	САРДЭЧНА ЗАПРАШАЕМ!	[sar'dɛtʃna zapra'ʃaem]
ENTRADA	УВАХОД	[uva'hɔt]
SAÍDA	ВЫХАД	['vɨhat]
EMPURRE	АД СЯБЕ	[at sʲa'be]
PUXE	НА СЯБЕ	[na sʲa'be]
ABERTO	АДЧЫНЕНА	[a'tʃinena]
FECHADO	ЗАЧЫНЕНА	[za'tʃinena]
MULHER	ДЛЯ ЖАНЧЫН	[dlʲa ʒan'tʃin]
HOMEM	ДЛЯ МУЖЧЫН	[dlʲa mu'ɕin]
DESCONTOS	СКІДКІ	['skitki]
SALDOS	РАСПРОДАЖ	[ras'prɔdaʃ]
NOVIDADE!	НАВІНКА!	[na'vinka]
GRÁTIS	БЯСПЛАТНА	[bʲas'platna]
ATENÇÃO!	УВАГА!	[u'vaħa]
NÃO HÁ VAGAS	МЕСЦАЎ НЯМА	['mesʲtsaw nʲa'ma]
RESERVADO	ЗАРЭЗЕРВАВАНА	[zarɛzerva'vana]
ADMINISTRAÇÃO	АДМІНІСТРАЦЫЯ	[admini'stratsʲa]
SOMENTE PESSOAL AUTORIZADO	ТОЛЬКІ ДЛЯ ПЕРСАНАЛУ	['tɔlʲki dlʲa persa'nalu]
CUIDADO CÃO FEROZ	ЗЛЫ САБАКА	['zlɨ sa'baka]
PROIBIDO FUMAR!	НЕ КУРЫЦЬ!	[ne ku'ritsʲ]
NÃO TOCAR	РУКАМІ НЕ КРАНАЦЬ!	[ru'kami ne kra'natsʲ]
PERIGOSO	НЕБЯСПЕЧНА	[nebʲa'spetʃna]
PERIGO	НЕБЯСПЕКА	[nebʲa'speka]
ALTA TENSÃO	ВЫСОКАЕ НАПРУЖАННЕ	[vɨ'sɔkae na'pruʒanne]
PROIBIDO NADAR	КУПАЦЦА ЗАБАРОНЕНА	[ku'patsa zaba'rɔnena]
AVARIADO	НЕ ПРАЦУЕ	[ne pra'tsue]
INFLAMÁVEL	ВОГНЕНЕБЯСПЕЧНА	[vɔħnenebʲas'petʃna]
PROIBIDO	ЗАБАРОНЕНА	[zaba'rɔnena]
ENTRADA PROIBIDA	ПРАХОД ЗАБАРОНЕНЫ	[pra'hɔd zaba'rɔneni]
CUIDADO TINTA FRESCA	ПАФАРБАВАНА	[pafarba'vana]

56. Transportes urbanos

autocarro (m)	аўтобус (м)	[aw'tɔbus]
elétrico (m)	трамвай (м)	[tram'vaj]
troleicarro (m)	тралейбус (м)	[tra'lejbus]
itinerário (m)	маршрут (м)	[marʃ'rut]
número (m)	нумар (м)	['numar]
ir de … (carro, etc.)	ехаць на …	['ehatsʲ na …]
entrar (~ no autocarro)	сесці	['sesʲtsi]
descer de …	сысці з …	[sɨs'tsi z …]

paragem (f)	прыпынак (м)	[pri'pinak]
наступны прыпынак (f)	наступны прыпынак (м)	[na'stupnɨ pri'pinak]
ponto (m) final	канцавы прыпынак (м)	[kantsa'vɨ pri'pinak]
horário (m)	расклад (м)	[ras'klat]
esperar (vt)	чакаць	[tʃa'katsʲ]

| bilhete (m) | білет (м) | [bi'let] |
| custo (m) do bilhete | кошт (м) білета | [kɔʒd bi'leta] |

bilheteiro (m)	касір (м)	[ka'sir]
controlo (m) dos bilhetes	кантроль (м)	[kan'trɔlʲ]
revisor (m)	кантралёр (м)	[kantra'lʲor]

atrasar-se (vr)	спазняцца	[spazʲ'nʲatsa]
perder (o autocarro, etc.)	спазніцца	[spazʲ'nitsa]
estar com pressa	спяшацца	[spʲa'ʃatsa]

táxi (m)	таксі (н)	[tak'si]
taxista (m)	таксіст (м)	[tak'sist]
de táxi (ir ~)	на таксі	[na tak'si]
praça (f) de táxis	стаянка (ж) таксі	[staʲ'anka tak'si]
chamar um táxi	выклікаць таксі	[viklikatsʲ tak'si]
apanhar um táxi	узяць таксі	[u'zʲatsʲ tak'si]

tráfego (m)	вулічны рух (м)	['vulitʃnɨ 'ruh]
engarrafamento (m)	затор (м)	[za'tɔr]
horas (f pl) de ponta	час (м) пік	['tʃas 'pik]
estacionar (vi)	паркавацца	[parka'vatsa]
estacionar (vt)	паркаваць	[parka'vatsʲ]
parque (m) de estacionamento	стаянка (ж)	[staʲ'anka]

metro (m)	метро (н)	[me'trɔ]
estação (f)	станцыя (ж)	['stantsɨʲa]
ir de metro	ехаць на метро	['ehatsʲ na me'trɔ]
comboio (m)	цягнік (м)	[tsʲah'nik]
estação (f)	вакзал (м)	[vah'zal]

57. Turismo

monumento (m)	помнік (м)	['pɔmnik]
fortaleza (f)	крэпасць (ж)	['krɛpastsʲ]
palácio (m)	палац (м)	[pa'lats]
castelo (m)	замак (м)	['zamak]
torre (f)	вежа (ж)	['veʒa]
mausoléu (m)	маўзалей (м)	[mawza'lej]

arquitetura (f)	архітэктура (ж)	[arhitɛk'tura]
medieval	сярэдневяковы	[sʲarɛdnevʲa'kɔvɨ]
antigo	старадаўні	[stara'dawni]
nacional	нацыянальны	[natsɨʲa'nalʲnɨ]
conhecido	вядомы	[vʲa'dɔmɨ]

| turista (m) | турыст (м) | [tu'rist] |
| guia (pessoa) | гід, экскурсавод (м) | ['hit], [ɛkskursa'vɔt] |

excursão (f)	экскурсія (ж)	[ɛks'kursiʲa]
mostrar (vt)	паказваць	[pa'kazvatsʲ]
contar (vt)	апавядаць	[apavʲa'datsʲ]
encontrar (vt)	знайсці	[znajs'tsi]
perder-se (vr)	згубіцца	[zɦu'bitsa]
mapa (~ do metrô)	схема (ж)	['shema]
mapa (~ da cidade)	план (м)	['plan]
lembrança (f), presente (m)	сувенір (м)	[suve'nir]
loja (f) de presentes	крама (ж) сувеніраў	['krama suwe'niraw]
fotografar (vt)	фатаграфаваць	[fataɦrafa'vatsʲ]
fotografar-se	фатаграфавацца	[fataɦrafa'vatsa]

58. Compras

comprar (vt)	купляць	[kup'lʲatsʲ]
compra (f)	пакупка (ж)	[pa'kupka]
fazer compras	рабіць закупы	[ra'bitsʲ 'zakupi]
compras (f pl)	шопінг (м)	['ʃopinɦ]
estar aberta (loja, etc.)	працаваць	[pratsa'vatsʲ]
estar fechada	зачыніцца	[zatʃi'nitsa]
calçado (m)	абутак (м)	[a'butak]
roupa (f)	адзенне (н)	[a'dzenne]
cosméticos (m pl)	касметыка (ж)	[kas'metika]
alimentos (m pl)	прадукты (м мн)	[pra'dukti]
presente (m)	падарунак (м)	[pada'runak]
vendedor (m)	прадавец (м)	[prada'vets]
vendedora (f)	прадаўшчыца (ж)	[pradaw'ʃɕitsa]
caixa (f)	каса (ж)	['kasa]
espelho (m)	люстэрка (н)	[lʉs'tɛrka]
balcão (m)	прылавак (м)	[pri'lavak]
cabine (f) de provas	прымерачная (ж)	[pri'meratʃnaʲa]
provar (vt)	прымераць	[pri'meratsʲ]
servir (vi)	пасаваць	[pasa'vatsʲ]
gostar (apreciar)	падабацца	[pada'batsa]
preço (m)	цана (ж)	[tsa'na]
etiqueta (f) de preço	цэннік (м)	['tsɛnnik]
custar (vt)	каштаваць	[kaʃta'vatsʲ]
Quanto?	Колькі?	['kolʲki]
desconto (m)	скідка (ж)	['skitka]
não caro	недарагі	[nedara'ɦi]
barato	танны	['tanni]
caro	дарагі	[dara'ɦi]
É caro	Гэта дорага.	['ɦɛta 'doraɦa]
aluguer (m)	пракат (м)	[pra'kat]
alugar (vestidos, etc.)	узяць напракат	[u'zʲatsʲ napra'kat]

crédito (m)	крэдыт (м)	[krɛ'dit]
a crédito	у крэдыт	[u krɛ'dit]

59. Dinheiro

dinheiro (m)	грошы (мн)	['ɦrɔʃi]
câmbio (m)	абмен (м)	[ab'men]
taxa (f) de câmbio	курс (м)	['kurs]
Caixa Multibanco (m)	банкамат (м)	[banka'mat]
moeda (f)	манета (ж)	[ma'neta]
dólar (m)	долар (м)	['dɔlar]
euro (m)	еўра (м)	['ewra]
lira (f)	ліра (ж)	['lira]
marco (m)	марка (ж)	['marka]
franco (m)	франк (м)	['frank]
libra (f) esterlina	фунт (м) стэрлінгаў	['funt 'stɛrlinɦaw]
iene (m)	іена (ж)	[i'ena]
dívida (f)	доўг (м)	['dɔwɦ]
devedor (m)	даўжнік (м)	[dawʒ'nik]
emprestar (vt)	даць у доўг	['datsʲ u 'dɔwɦ]
pedir emprestado	узяць у доўг	[u'zʲatsʲ u 'dɔwɦ]
banco (m)	банк (м)	['bank]
conta (f)	рахунак (м)	[ra'hunak]
depositar (vt)	пакласці	[pa'klasʲtsi]
depositar na conta	пакласці на рахунак	[pa'klasʲtsi na ra'hunak]
levantar (vt)	зняць з рахунку	['znʲatsʲ z ra'hunku]
cartão (m) de crédito	крэдытная картка (ж)	[krɛ'ditnaʲa 'kartka]
dinheiro (m) vivo	гатоўка (ж)	[ɦa'towka]
cheque (m)	чэк (м)	['tʃɛk]
passar um cheque	выпісаць чэк	['vipisatsʲ 'tʃɛk]
livro (m) de cheques	чэкавая кніжка (ж)	['tʃɛkavaʲa 'kniʃka]
carteira (f)	бумажнік (м)	[bu'maʒnik]
porta-moedas (m)	кашалёк (м)	[kaʃa'lʲok]
cofre (m)	сейф (м)	['sejf]
herdeiro (m)	спадчыннік (м)	['spatʃinnik]
herança (f)	спадчына (ж)	['spatʃina]
fortuna (riqueza)	маёмасць (ж)	['maʲomastsʲ]
arrendamento (m)	арэнда (ж)	[a'rɛnda]
renda (f) de casa	кватэрная плата (ж)	[kva'tɛrnaʲa 'plata]
alugar (vt)	наймаць	[naj'matsʲ]
preço (m)	цана (ж)	[tsa'na]
custo (m)	кошт (м)	['kɔʃt]
soma (f)	сума (ж)	['suma]
gastar (vt)	траціць	['tratsitsʲ]
gastos (m pl)	выдаткі (м мн)	[vi'datki]

economizar (vi)	эканоміць	[ɛka'nɔmitsʲ]
económico	эканомны	[ɛka'nɔmnɨ]
pagar (vt)	пласіць	[pla'tsitsʲ]
pagamento (m)	аплата (ж)	[a'plata]
troco (m)	рэшта (ж)	['rɛʃta]
imposto (m)	падатак (м)	[pa'datak]
multa (f)	штраф (м)	['ʃtraf]
multar (vt)	штрафаваць	[ʃtrafa'vatsʲ]

60. Correios. Serviço postal

correios (m pl)	пошта (ж)	['pɔʃta]
correio (m)	пошта (ж)	['pɔʃta]
carteiro (m)	паштальён (м)	[paʃta'lʲɔn]
horário (m)	гадзіны (ж мн) працы	[ɦa'dzinɨ 'pratsɨ]
carta (f)	ліст (м)	['list]
carta (f) registada	заказны ліст (м)	[zakaz'nɨ 'list]
postal (m)	паштоўка (ж)	[paʃ'tɔwka]
telegrama (m)	тэлеграма (ж)	[tɛle'ɦrama]
encomenda (f) postal	пасылка (ж)	[pa'sɨlka]
remessa (f) de dinheiro	грашовы перавод (м)	[ɦra'ʃɔvɨ pera'vɔt]
receber (vt)	атрымаць	[atrɨ'matsʲ]
enviar (vt)	адправіць	[at'pravitsʲ]
envio (m)	адпраўка (ж)	[at'prawka]
endereço (m)	адрас (м)	['adras]
código (m) postal	індэкс (м)	['indɛks]
remetente (m)	адпраўшчык (м)	[at'prawʃcik]
destinatário (m)	атрымальнік (м)	[atrɨ'malʲnik]
nome (m)	імя (н)	[i'mʲa]
apelido (m)	прозвішча (н)	['prɔzʲviʃca]
tarifa (f)	тарыф (м)	[ta'rɨf]
ordinário	звычайны	[zvɨ'ʧajnɨ]
económico	эканамічны	[ɛkana'miʧnɨ]
peso (m)	вага (ж)	[va'ɦa]
pesar (estabelecer o peso)	узважваць	[uz'vaʒvatsʲ]
envelope (m)	канверт (м)	[kan'vert]
selo (m)	марка (ж)	['marka]

Moradia. Casa. Lar

61. Casa. Eletricidade

eletricidade (f)	электрычнасць (ж)	[ɛlekt'ritʃnastsʲ]
lâmpada (f)	лямпачка (ж)	['lʲampatʃka]
interruptor (m)	выключальнік (м)	[vɨklʉ'tʃalʲnik]
fusível (m)	пробка (ж)	['prɔpka]
fio, cabo (m)	провад (м)	['prɔvat]
instalação (f) elétrica	праводка (ж)	[pra'vɔtka]
contador (m) de eletricidade	лічыльнік (м)	[li'tʃɨlʲnik]
indicação (f), registo (m)	паказанне (н)	[paka'zanne]

62. Moradia. Mansão

casa (f) de campo	загарадны дом (м)	['zaɦaradnɨ 'dɔm]
vila (f)	віла (ж)	['vila]
ala (~ do edifício)	крыло (н)	[krɨ'lɔ]
jardim (m)	сад (м)	['sat]
parque (m)	парк (м)	['park]
estufa (f)	аранжарэя (ж)	[aranʒa'rɛʲa]
cuidar de ...	даглядаць	[daɦlʲa'datsʲ]
piscina (f)	басейн (м)	[ba'sejn]
ginásio (m)	спартыўная зала (ж)	[spar'tɨwnaʲa 'zala]
campo (m) de ténis	тэнісны корт (м)	['tɛnisnɨ 'kɔrt]
cinema (m)	кінатэатр (м)	[kinatɛ'atr]
garagem (f)	гараж (м)	[ɦa'raʃ]
propriedade (f) privada	прыватная ўласнасць (ж)	[prɨ'vatnaʲa u'lasnastsʲ]
terreno (m) privado	прыватныя уладанні (н мн)	[prɨ'vatnɨʲa ula'danni]
advertência (f)	папярэджанне (н)	[papʲa'rɛdʒanne]
sinal (m) de aviso	папераджальны надпіс (м)	[papera'dʒalʲnɨ 'natpis]
guarda (f)	ахова (ж)	[a'ɦɔva]
guarda (m)	ахоўнік (м)	[a'ɦɔwnik]
alarme (m)	сігналізацыя (ж)	[siɦnali'zatsɨʲa]

63. Apartamento

apartamento (m)	кватэра (ж)	[kva'tɛra]
quarto (m)	пакой (м)	[pa'kɔj]
quarto (m) de dormir	спальня (ж)	['spalʲnʲa]

Portuguese	Belarusian	Pronunciation
sala (f) de jantar	сталоўка (ж)	[sta'lowka]
sala (f) de estar	гасцёўня (ж)	[ɦasʲtsʲownʲa]
escritório (m)	кабінет (м)	[kabi'net]
antessala (f)	вітальня (ж)	[vi'talʲnʲa]
quarto (m) de banho	ванны пакой (м)	['vannɨ pa'kɔj]
toilette (lavabo)	прыбіральня (ж)	[prɨbi'ralʲnʲa]
teto (m)	столь (ж)	['stɔlʲ]
chão, soalho (m)	падлога (ж)	[pad'lɔɦa]
canto (m)	кут (м)	['kut]

64. Mobiliário. Interior

Portuguese	Belarusian	Pronunciation
mobiliário (m)	мэбля (ж)	['mɛblʲa]
mesa (f)	стол (м)	['stɔl]
cadeira (f)	крэсла (н)	['krɛsla]
cama (f)	ложак (м)	['lɔʒak]
divã (m)	канапа (ж)	[ka'napa]
cadeirão (m)	фатэль (м)	[fa'tɛlʲ]
estante (f)	шафа (ж)	['ʃafa]
prateleira (f)	паліца (ж)	[pa'litsa]
guarda-vestidos (m)	шафа (ж)	['ʃafa]
cabide (m) de parede	вешалка (ж)	['veʃalka]
cabide (m) de pé	вешалка (ж)	['veʃalka]
cómoda (f)	камода (ж)	[ka'mɔda]
mesinha (f) de centro	часопісны столік (м)	[tʃa'sɔpisnɨ 'stɔlik]
espelho (m)	люстэрка (н)	[lʉs'tɛrka]
tapete (m)	дыван (м)	[di'van]
tapete (m) pequeno	дыванок (м)	[diva'nɔk]
lareira (f)	камін (м)	[ka'min]
vela (f)	свечка (ж)	['svetʃka]
castiçal (m)	падсвечнік (м)	[pat'svetʃnik]
cortinas (f pl)	шторы (мн)	['ʃtɔrɨ]
papel (m) de parede	шпалеры (ж мн)	[ʃpa'lerɨ]
estores (f pl)	жалюзі (мн)	[ʒalʉ'zi]
candeeiro (m) de mesa	настольная лямпа (ж)	[na'stɔlʲnaʲa 'lʲampa]
candeeiro (m) de parede	свяцільня (ж)	[svʲa'tsilʲnʲa]
candeeiro (m) de pé	таршэр (м)	[tar'ʃɛr]
lustre (m)	люстра (ж)	['lʉstra]
pé (de mesa, etc.)	ножка (ж)	['nɔʃka]
braço (m)	падлакотнік (м)	[padla'kɔtnik]
costas (f pl)	спінка (ж)	['spinka]
gaveta (f)	шуфляда (ж)	[ʃufʲlʲada]

65. Quarto de dormir

roupa (f) de cama	бялізна (ж)	[bʲaˈlizna]
almofada (f)	падушка (ж)	[paˈduʃka]
fronha (f)	навалочка (ж)	[navaˈlɔʧka]
cobertor (m)	коўдра (ж)	[ˈkɔwdra]
lençol (m)	прасціна (ж)	[prasʲtsiˈna]
colcha (f)	пакрывала (н)	[pakriˈvala]

66. Cozinha

cozinha (f)	кухня (ж)	[ˈkuhnʲa]
gás (m)	газ (м)	[ˈɦas]
fogão (m) a gás	пліта (ж) газавая	[pliˈta ˈɦazavaʲa]
fogão (m) elétrico	пліта (ж) электрычная	[pliˈta ɛlektˈriʧnaʲa]
forno (m)	духоўка (ж)	[duˈhɔwka]
forno (m) de micro-ondas	мікрахвалевая печ (ж)	[mikraˈhvalevaʲa ˈpeʧ]

frigorífico (m)	халадзільнік (м)	[halaˈdzilʲnik]
congelador (m)	маразілка (ж)	[maraˈzilka]
máquina (f) de lavar louça	пасудамыечная машына (ж)	[pasudaˈmieʧnaʲa maˈʃina]

moedor (m) de carne	мясарубка (ж)	[mʲasaˈrupka]
espremedor (m)	сокавыціскалка (ж)	[sɔkavitsiˈskalka]
torradeira (f)	тостэр (м)	[ˈtɔstɛr]
batedeira (f)	міксер (м)	[ˈmikser]

máquina (f) de café	кававарка (ж)	[kavaˈvarka]
cafeteira (f)	кафейнік (м)	[kaˈfejnik]
moinho (m) de café	кавамолка (ж)	[kavaˈmɔlka]

chaleira (f)	чайнік (м)	[ˈʧajnik]
bule (m)	імбрычак (м)	[imˈbriʧak]
tampa (f)	накрыўка (ж)	[ˈnakriwka]
coador (m) de chá	сітца (н)	[ˈsitsa]

colher (f)	лыжка (ж)	[ˈliʃka]
colher (f) de chá	чайная лыжка (ж)	[ˈʧajnaʲa ˈliʃka]
colher (f) de sopa	сталовая лыжка (ж)	[staˈlɔvaʲa ˈliʃka]
garfo (m)	відэлец (м)	[viˈdɛlets]
faca (f)	нож (м)	[ˈnɔʃ]

louça (f)	посуд (м)	[ˈpɔsut]
prato (m)	талерка (ж)	[taˈlerka]
pires (m)	сподак (м)	[ˈspɔdak]

cálice (m)	чарка (ж)	[ˈʧarka]
copo (m)	шклянка (ж)	[ˈʃklʲanka]
chávena (f)	кубак (м)	[ˈkubak]

açucareiro (m)	цукарніца (ж)	[ˈtsukarnitsa]
saleiro (m)	салянка (ж)	[saˈlʲanka]

| pimenteiro (m) | перачніца (ж) | ['peratʃnitsa] |
| manteigueira (f) | масленіца (ж) | ['maslenitsa] |

panela, caçarola (f)	рондаль (м)	['rɔndalʲ]
frigideira (f)	патэльня (ж)	[pa'tɛlʲnʲa]
concha (f)	апалонік (м)	[apa'lɔnik]
passador (m)	друшляк (м)	[druʃ'lʲak]
bandeja (f)	паднос (м)	[pad'nɔs]

garrafa (f)	бутэлька (ж)	[bu'tɛlʲka]
boião (m) de vidro	слоік (м)	['slɔik]
lata (f)	бляшанка (ж)	[blʲa'ʃanka]

abre-garrafas (m)	адкрывалка (ж)	[atkrɨ'valka]
abre-latas (m)	адкрывалка (ж)	[atkrɨ'valka]
saca-rolhas (m)	штопар (м)	['ʃtɔpar]
filtro (m)	фільтр (м)	['filʲtr]
filtrar (vt)	фільтраваць	[filʲtra'vatsʲ]

| lixo (m) | смецце (н) | ['smetse] |
| balde (m) do lixo | вядро (н) для смецця | [vʲa'drɔ dlʲa 'smetsʲa] |

67. Casa de banho

quarto (m) de banho	ванны пакой (м)	['vannɨ pa'kɔj]
água (f)	вада (ж)	[va'da]
torneira (f)	кран (м)	['kran]
água (f) quente	гарачая вада (ж)	[ɦa'ratʃaʲa va'da]
água (f) fria	халодная вада (ж)	[ɦa'lɔdnaʲa va'da]

pasta (f) de dentes	зубная паста (ж)	[zub'naʲa 'pasta]
escovar os dentes	чысціць зубы	[tʃɨsʲtsitsʲ zu'bɨ]
escova (f) de dentes	зубная шчотка (ж)	[zub'naʲa 'ʃcɔtka]

barbear-se (vr)	галіцца	[ɦa'litsa]
espuma (f) de barbear	пена (ж) для галення	['pena dlʲa ɦa'lennʲa]
máquina (f) de barbear	брытва (ж)	['britva]

lavar (vt)	мыць	['mɨtsʲ]
lavar-se (vr)	мыцца	['mɨtsa]
duche (m)	душ (м)	['duʃ]
tomar um duche	прымаць душ	[prɨ'matsʲ 'duʃ]

banheira (f)	ванна (ж)	['vanna]
sanita (f)	унітаз (м)	[uni'tas]
lavatório (m)	ракавіна (ж)	['rakavina]

| sabonete (m) | мыла (н) | ['mɨla] |
| saboneteira (f) | мыльніца (ж) | ['mɨlʲnitsa] |

esponja (f)	губка (ж)	['ɦupka]
champô (m)	шампунь (м)	[ʃam'punʲ]
toalha (f)	ручнік (м)	[rutʃ'nik]
roupão (m) de banho	халат (м)	[ɦa'lat]

T&P Books. Vocabulário Português-Bielorrusso - 5000 palavras

lavagem (f)	мыццё (н)	[mɨ'tsʲo]
máquina (f) de lavar	пральная машына (ж)	['pralʲnaʲa ma'ʃɨna]
lavar a roupa	мыць бялізну	['mɨtsʲ bʲa'lizну]
detergente (m)	пральны парашок (м)	['pralʲnɨ para'ʃok]

68. Eletrodomésticos

televisor (m)	тэлевізар (м)	[tɛle'vizar]
gravador (m)	магнітафон (м)	[mahnita'fɔn]
videogravador (m)	відэамагнітафон (м)	['vidɛa mahnita'fɔn]
rádio (m)	прыёмнік (м)	[prɨ'ʲomnik]
leitor (m)	плэер (м)	['plɛer]

projetor (m)	відэапраектар (м)	['vidɛa pra'ektar]
cinema (m) em casa	хатні кінатэатр (м)	['hatni kinatɛ'atr]
leitor (m) de DVD	прайгравальнік (м) DVD	[prajhra'valʲniɦ dzivi'dzi]
amplificador (m)	узмацняльнік (м)	[uzmats'nʲalʲnik]
console (f) de jogos	гульнявая прыстаўка (ж)	[hulʲnʲa'vaʲa prɨ'stawka]

câmara (f) de vídeo	відэакамера (ж)	['vidɛa 'kamera]
máquina (f) fotográfica	фотаапарат (м)	[fɔtaapa'rat]
câmara (f) digital	лічбавы фотаапарат (м)	['lidʒbavɨ fɔtaapa'rat]

aspirador (m)	пыласос (м)	[pɨɫa'sɔs]
ferro (m) de engomar	прас (м)	['pras]
tábua (f) de engomar	прасавальная дошка (ж)	[prasa'valʲnaʲa 'dɔʃka]

telefone (m)	тэлефон (м)	[tɛle'fɔn]
telemóvel (m)	мабільны тэлефон (м)	[ma'bilʲnɨ tɛle'fɔn]
máquina (f) de escrever	машынка (ж)	[ma'ʃɨnka]
máquina (f) de costura	машынка (ж)	[ma'ʃɨnka]

microfone (m)	мікрафон (м)	[mikra'fɔn]
auscultadores (m pl)	навушнікі (м мн)	[na'vuʃniki]
controlo remoto (m)	пульт (м)	['pulʲt]

CD (m)	кампакт-дыск (м)	[kam'pakt 'disk]
cassete (f)	касета (ж)	[ka'seta]
disco (m) de vinil	пласцінка (ж)	[plas'tsinka]

ATIVIDADES HUMANAS

Emprego. Negócios. Parte 1

69. Escritório. O trabalho no escritório

escritório (~ de advogados)	офіс (м)	['ɔfis]
escritório (do diretor, etc.)	кабінет (м)	[kabi'net]
receção (f)	рэцэпцыя (ж)	[rɛ'tsɛptsiʲa]
secretário (m)	сакратар (м)	[sakra'tar]
secretária (f)	сакратар (ж)	[sakra'tar]
diretor (m)	дырэктар (м)	[dɨ'rɛktar]
gerente (m)	менеджэр (м)	['mɛnedʒɛr]
contabilista (m)	бухгалтар (м)	[buh'ɦaltar]
empregado (m)	супрацоўнік (м)	[supra'tsɔwnik]
mobiliário (m)	мэбля (ж)	['mɛblʲa]
mesa (f)	стол (м)	['stɔl]
cadeira (f)	крэсла (н)	['krɛsla]
bloco (m) de gavetas	тумбачка (ж)	['tumbatʃka]
cabide (m) de pé	вешалка (ж)	['vɛʃalka]
computador (m)	камп'ютэр (м)	[kampʺʉtɛr]
impressora (f)	прынтэр (м)	['printɛr]
fax (m)	факс (м)	['faks]
fotocopiadora (f)	капіравальны апарат (м)	[kapira'valʲnɨ apa'rat]
papel (m)	папера (ж)	[pa'pera]
artigos (m pl) de escritório	канцылярскія прылады (ж мн)	[kantsi'lʲarskiʲa pri'ladɨ]
tapete (m) de rato	дыванок (м)	[diva'nɔk]
folha (f) de papel	аркуш (м)	['arkuʃ]
pasta (f)	папка (ж)	['papka]
catálogo (m)	каталог (м)	[kata'lɔɦ]
diretório (f) telefónico	даведнік (м)	[da'vednik]
documentação (f)	дакументацыя (ж)	[dakumen'tatsiʲa]
brochura (f)	брашура (ж)	[bra'ʃura]
flyer (m)	лістоўка (ж)	[lis'tɔwka]
amostra (f)	узор (м)	[u'zɔr]
formação (f)	трэнінг (м)	['trɛninɦ]
reunião (f)	нарада (ж)	[na'rada]
hora (f) de almoço	перапынак (м) на абед	[pera'pɨnak na a'bet]
fazer uma cópia	рабіць копію	[ra'bitsʲ 'kɔpiʉ]
tirar cópias	размножыць	[razm'nɔʒɨtsʲ]
receber um fax	атрымліваць факс	[at'rimlivatsʲ 'faks]

enviar um fax	адпраўляць факс	[atpraw'lʲatsʲ 'faks]
fazer uma chamada	патэлефанаваць	[patɛlefana'vatsʲ]
responder (vt)	адказаць	[atka'zatsʲ]
passar (vt)	злучыць	[zlu'tʃitsʲ]
marcar (vt)	прызначаць	[prizna'tʃatsʲ]
demonstrar (vt)	дэманстраваць	[dɛmanstra'vatsʲ]
estar ausente	адсутнічаць	[a'tsutnitʃatsʲ]
ausência (f)	пропуск (м)	['prɔpusk]

70. Processos negociais. Parte 1

negócio (m)	справа, бізнес (м)	['sprava], ['biznes]
ocupação (f)	справа (ж)	['sprava]
firma, empresa (f)	фірма (ж)	['firma]
companhia (f)	кампанія (ж)	[kam'panʲia]
corporação (f)	карпарацыя (ж)	[karpa'ratsʲia]
empresa (f)	прадпрыемства (н)	[pratpri'emstva]
agência (f)	агенцтва (н)	[a'ɦentstva]
acordo (documento)	дамова (ж)	[da'mɔva]
contrato (m)	кантракт (м)	[kan'trakt]
acordo (transação)	здзелка (ж)	['zʲdzelka]
encomenda (f)	заказ (м)	[za'kas]
cláusulas (f pl), termos (m pl)	умова (ж)	[u'mɔva]
por grosso (adv)	оптам	['ɔptam]
por grosso (adj)	аптовы	[ap'tɔvi]
venda (f) por grosso	продаж (м) оптам	['prɔdaʃ 'ɔptam]
a retalho	рознічны	['rɔzʲnitʃni]
venda (f) a retalho	продаж (м) у розніцу	['prɔdaʃ u 'rɔzʲnitsu]
concorrente (m)	канкурэнт (м)	[kanku'rɛnt]
concorrência (f)	канкурэнцыя (ж)	[kanku'rɛntsʲia]
competir (vi)	канкурыраваць	[kanku'riravatsʲ]
sócio (m)	партнёр (м)	[part'nʲor]
parceria (f)	партнёрства (н)	[part'nʲorstva]
crise (f)	крызіс (м)	['krizis]
bancarrota (f)	банкруцтва (н)	[bank'rutstva]
entrar em falência	збанкрутаваць	[zbankruta'vatsʲ]
dificuldade (f)	цяжкасць (ж)	['tsʲaʃkastsʲ]
problema (m)	праблема (ж)	[prab'lema]
catástrofe (f)	катастрофа (ж)	[kata'strɔfa]
economia (f)	эканоміка (ж)	[ɛka'nɔmika]
económico	эканамічны	[ɛkana'mitʃni]
recessão (f) económica	эканамічны спад (м)	[ɛkana'mitʃni 'spat]
objetivo (m)	мэта (ж)	['mɛta]
tarefa (f)	задача (ж)	[za'datʃa]
comerciar (vi, vt)	гандляваць	[handlʲa'vatsʲ]
rede (de distribuição)	сетка (ж)	['setka]

| estoque (m) | склад (м) | ['sklat] |
| sortimento (m) | асартымент (м) | [asarti'ment] |

líder (m)	лідэр (м)	['lidɛr]
grande (~ empresa)	буйны	[buj'ni]
monopólio (m)	манаполія (ж)	[mana'polʲi̯a]

teoria (f)	тэорыя (ж)	[tɛ'ɔri̯a]
prática (f)	практыка (ж)	['praktika]
experiência (falar por ~)	вопыт (м)	['vɔpit]
tendência (f)	тэндэнцыя (ж)	[tɛn'dɛntsʲi̯a]
desenvolvimento (m)	развіццё (н)	[razʲvi'tsʲo]

71. Processos negociais. Parte 2

| rentabilidade (f) | выгада (ж) | ['viɦada] |
| rentável | выгадны | ['viɦadni] |

delegação (f)	дэлегацыя (ж)	[dɛle'ɦatsʲi̯a]
salário, ordenado (m)	заработная плата (ж)	[zara'bɔtnai̯a 'plata]
corrigir (um erro)	выпраўляць	[vipraw'lʲatsʲ]
viagem (f) de negócios	камандзіроўка (ж)	[kamandzi'rowka]
comissão (f)	камісія (ж)	[ka'misʲi̯a]

controlar (vt)	кантраляваць	[kantralʲa'vatsʲ]
conferência (f)	канферэнцыя (ж)	[kanfe'rɛntsʲi̯a]
licença (f)	ліцэнзія (ж)	[li'tsɛnzʲi̯a]
confiável	надзейны	[na'dzejni]

empreendimento (m)	пачынанне (н)	[patʃi'nanne]
norma (f)	норма (ж)	['nɔrma]
circunstância (f)	акалічнасць (ж)	[aka'litʃnastsʲ]
dever (m)	абавязак (м)	[aba'vʲazak]

empresa (f)	арганізацыя (ж)	[arɦani'zatsʲi̯a]
organização (f)	арганізацыя (ж)	[arɦani'zatsʲi̯a]
organizado	арганізаваны	[arɦaniza'vani]
anulação (f)	скасаванне (н)	[skasa'vanne]
anular, cancelar (vt)	скасаваць	[skasa'vatsʲ]
relatório (m)	справаздача (ж)	[sprava'zdatʃa]

patente (f)	патэнт (м)	[pa'tɛnt]
patentear (vt)	патэнтаваць	[patɛnta'vatsʲ]
planear (vt)	планаваць	[plana'vatsʲ]

prémio (m)	прэмія (ж)	['prɛmʲi̯a]
profissional	прафесійны	[prafe'sijni]
procedimento (m)	працэдура (ж)	[pratsɛ'dura]

examinar (a questão)	разгледзець	[raz'ɦledzetsʲ]
cálculo (m)	разлік (м)	[raz'lik]
reputação (f)	рэпутацыя (ж)	[rɛpu'tatsʲi̯a]
risco (m)	рызыка (ж)	['rizika]
dirigir (~ uma empresa)	кіраваць	[kira'vatsʲ]

informação (f)	звесткі (ж мн)	[zʲˈvestki]
propriedade (f)	уласнасць (ж)	[uˈlasnastsʲ]
união (f)	саюз (м)	[saˈʉs]
seguro (m) de vida	страхаванне (н) жыцця	[strahaˈvanne ʒiˈtsʲa]
fazer um seguro	страхаваць	[strahaˈvatsʲ]
seguro (m)	страхоўка (ж)	[straˈhɔwka]
leilão (m)	таргі (м мн)	[tarˈɦi]
notificar (vt)	паведаміць	[paˈvedamitsʲ]
gestão (f)	кіраванне (н)	[kiraˈvanne]
serviço (indústria de ~s)	паслуга (ж)	[pasˈluɦa]
fórum (m)	форум (м)	[ˈfɔrum]
funcionar (vi)	функцыянаваць	[funktsiʲanaˈvatsʲ]
estágio (m)	этап (м)	[ɛˈtap]
jurídico	юрыдычны	[ʉriˈditʃni]
jurista (m)	юрыст (м)	[ʉˈrist]

72. Produção. Trabalhos

usina (f)	завод (м)	[zaˈvɔt]
fábrica (f)	фабрыка (ж)	[ˈfabrika]
oficina (f)	цэх (м)	[ˈtsɛh]
local (m) de produção	вытворчасць (ж)	[vitˈvɔrtʃastsʲ]
indústria (f)	прамысловасць (ж)	[pramɨˈslɔvastsʲ]
industrial	прамысловы	[pramɨˈslɔvi]
indústria (f) pesada	цяжкая прамысловасць (ж)	[tsʲaʃkaʲa pramɨˈslɔvastsʲ]
indústria (f) ligeira	лёгкая прамысловасць (ж)	[ˈlʲɔɦkaʲa pramɨˈslɔvastsʲ]
produção (f)	прадукцыя (ж)	[praˈduktsɨʲa]
produzir (vt)	выўрабляць	[virabˈlʲatsʲ]
matérias-primas (f pl)	сыравіна (ж)	[siraˈvina]
chefe (m) de brigada	брыгадзір (м)	[briɦaˈdzir]
brigada (f)	брыгада (ж)	[briˈɦada]
operário (m)	рабочы (м)	[raˈbɔtʃi]
dia (m) de trabalho	працоўны дзень (м)	[praˈtsɔwnɨ ˈdzenʲ]
pausa (f)	перапынак (м)	[peraˈpinak]
reunião (f)	сход (м)	[ˈshɔt]
discutir (vt)	абмяркоўваць	[abmʲarˈkɔwvatsʲ]
plano (m)	план (м)	[ˈplan]
cumprir o plano	выконваць план	[viˈkɔnvatsʲ ˈplan]
taxa (f) de produção	норма (ж)	[ˈnɔrma]
qualidade (f)	якасць (ж)	[ˈʲakastsʲ]
controlo (m)	кантроль (м)	[kanˈtrɔlʲ]
controlo (m) da qualidade	кантроль (м) якасці	[kanˈtrɔlʲ ˈʲakasʲtsi]
segurança (f) no trabalho	бяспека (ж) працы	[bʲasˈpeka ˈpratsi]
disciplina (f)	дысцыпліна (ж)	[distsipˈlina]
infração (f)	парушэнне (н)	[paruˈʃɛnne]

violar (as regras)	парушаць	[paru'ʃatsʲ]
greve (f)	забастоўка (ж)	[zaba'stɔwka]
grevista (m)	забастоўшчык (м)	[zaba'stɔwʃɕik]
estar em greve	баставаць	[basta'vatsʲ]
sindicato (m)	прафсаюз (м)	[prafsa'ʉs]

inventar (vt)	вынаходзіць	[vɨna'hɔdzitsʲ]
invenção (f)	вынаходка (ж)	[vɨna'hɔtka]
pesquisa (f)	даследаванне (н)	[da'sledavanne]
melhorar (vt)	паляпшаць	[palʲap'ʃatsʲ]
tecnologia (f)	тэхналогія (ж)	[tɛhna'lɔɦiʲa]
desenho (m) técnico	чарцёж (м)	[tʃar'tsʲɔʃ]

carga (f)	груз (м)	['ɦrus]
carregador (m)	грузчык (м)	['ɦruʃɕik]
carregar (vt)	грузіць	[ɦru'zitsʲ]
carregamento (m)	пагрузка (ж)	[pa'ɦruska]
descarregar (vt)	разгружаць	[razɦru'ʒatsʲ]
descarga (f)	разгрузка (ж)	[raz'ɦruska]

transporte (m)	транспарт (м)	['transpart]
companhia (f) de transporte	транспартная кампанія (ж)	[transpartnaʲa kam'paniʲa]
transportar (vt)	транспартаваць	[transparta'vatsʲ]

vagão (m) de carga	вагон (м)	[va'ɦɔn]
cisterna (f)	цыстэрна (ж)	[tsɨs'tɛrna]
camião (m)	грузавік (м)	[ɦruza'vik]

máquina-ferramenta (f)	станок (м)	[sta'nɔk]
mecanismo (m)	механізм (м)	[meha'nizm]

resíduos (m pl) industriais	адыходы (м мн)	[adɨ'hɔdɨ]
embalagem (f)	пакаванне (н)	[paka'vanne]
embalar (vt)	упакаваць	[upaka'vatsʲ]

73. Contrato. Acordo

contrato (m)	кантракт (м)	[kan'trakt]
acordo (m)	пагадненне (н)	[paɦad'nenne]
adenda (f), anexo (m)	дадатак (м)	[da'datak]

assinar o contrato	заключыць кантракт	[zaklʉ'tʃɨtsʲ kan'trakt]
assinatura (f)	подпіс (м)	['pɔtpis]
assinar (vt)	падпісаць	[patpi'satsʲ]
carimbo (m)	пячатка (ж)	[pʲa'tʃatka]

objeto (m) do contrato	прадмет (м) дамовы	[prad'met da'mɔvɨ]
cláusula (f)	пункт (м)	['punkt]
partes (f pl)	бакі (м мн)	[ba'ki]
morada (f) jurídica	юрыдычны адрас (м)	[ʉrɨ'dɨtʃnɨ 'adras]

violar o contrato	парушыць кантракт	[pa'ruʃɨtsʲ kan'trakt]
obrigação (f)	абавязацельства (н)	[abavʲaza'tselʲstva]
responsabilidade (f)	адказнасць (ж)	[at'kaznastsʲ]

T&P Books. Vocabulário Português-Bielorrusso - 5000 palavras

força (f) maior	форс-мажор (м)	[fɔrs ma'ʒɔr]
litígio (m), disputa (f)	спрэчка (ж)	['sprɛtʃka]
multas (f pl)	штрафныя санкцыі (ж мн)	[ʃtrafniʲa 'sanktsii]

74. Importação & Exportação

importação (f)	імпарт (м)	['impart]
importador (m)	імпарцёр (м)	[impar'tsʲor]
importar (vt)	імпартаваць	[imparta'vatsʲ]
de importação	імпартны	['impartni]

exportação (f)	экспарт (ж)	['ɛkspart]
exportador (m)	экспарцёр (м)	[ɛkspar'tsʲor]
exportar (vt)	экспартаваць	[ɛksparta'vatsʲ]
de exportação	экспартны	['ɛkspartni]

| mercadoria (f) | тавар (м) | [ta'var] |
| lote (de mercadorias) | партыя (ж) | ['partiʲa] |

peso (m)	вага (ж)	[va'ɦa]
volume (m)	аб'ём (м)	[a'bʲʲom]
metro (m) cúbico	кубічны метр (м)	[ku'bitʃnɨ 'metr]

produtor (m)	вытворца (м)	[vɨt'vɔrtsa]
companhia (f) de transporte	транспартная кампанія (ж)	[transpartnaʲa kam'paniʲa]
contentor (m)	кантэйнер (м)	[kan'tɛjner]

fronteira (f)	мяжа (ж)	[mʲa'ʒa]
alfândega (f)	мытня (ж)	['mitnʲa]
taxa (f) alfandegária	мытная пошліна (ж)	[mitnaʲa 'poʃlina]
funcionário (m) da alfândega	мытнік (м)	['mitnik]
contrabando (atividade)	кантрабанда (ж)	[kantra'banda]
contrabando (produtos)	кантрабанда (ж)	[kantra'banda]

75. Finanças

ação (f)	акцыя (ж)	['aktsiʲa]
obrigação (f)	аблігацыя (ж)	[abli'ɦatsiʲa]
nota (f) promissória	вэксаль (м)	['vɛksalʲ]

| bolsa (f) | біржа (ж) | ['birʒa] |
| cotação (m) das ações | курс (м) акцый | ['kurs 'aktsij] |

| tornar-se mais barato | патаннець | [pata'nnetsʲ] |
| tornar-se mais caro | падаражэць | [padara'ʒɛtsʲ] |

parte (f)	доля (ж), пай (м)	['dolʲa], ['paj]
participação (f) maioritária	кантрольны пакет (м)	[kan'trolʲni pa'ket]
investimento (m)	інвестыцыі (ж мн)	[inves'tɨtsii]
investir (vt)	інвесціраваць	[inves'tsiravatsʲ]
percentagem (f)	працэнт (м)	[pra'tsɛnt]
juros (m pl)	працэнты (м мн)	[pra'tsɛnti]

69

lucro (m)	прыбытак (м)	[pri'bitak]
lucrativo	прыбыткoвы	[pribit'kɔvi]
imposto (m)	падатак (м)	[pa'datak]
divisa (f)	валюта (ж)	[va'lʉta]
nacional	нацыянальны	[natsʲa'nalʲnɨ]
câmbio (m)	абмен (м)	[ab'men]
contabilista (m)	бухгалтар (м)	[buh'ɦaltar]
contabilidade (f)	бухгалтэрыя (ж)	[buhɦal'tɛrʲʲa]
bancarrota (f)	банкруцтва (н)	[bank'rutstva]
falência (f)	крах (м)	['krah]
ruína (f)	згаленне (н)	[zɦa'lenne]
arruinar-se (vr)	згалець	[zɦa'letsʲ]
inflação (f)	інфляцыя (ж)	[in'flʲatsʲʲa]
desvalorização (f)	дэвальвацыя (ж)	[dɛvalʲ'vatsʲʲa]
capital (m)	капітал (м)	[kapi'tal]
rendimento (m)	даход (м)	[da'hɔt]
volume (m) de negócios	абарот (м)	[aba'rɔt]
recursos (m pl)	рэсурсы (м мн)	[rɛ'sursɨ]
recursos (m pl) financeiros	грашовыя сродкі (м мн)	[ɦra'ʃɔvʲʲa 'srɔtki]
despesas (f pl) gerais	накладныя выдаткі (мн)	[naklad'nʲʲa vɨ'datki]
reduzir (vt)	скараціць	[skara'tsitsʲ]

76. Marketing

marketing (m)	маркетынг (м)	['marketinɦ]
mercado (m)	рынак (м)	['rɨnak]
segmento (m) do mercado	сегмент (м) рынку	[seɦ'ment 'rɨnku]
produto (m)	прадукт (м)	[pra'dukt]
mercadoria (f)	тавар (м)	[ta'var]
marca (f) comercial	гандлёвая марка (ж)	[ɦand'lʲɔvaʲa 'marka]
logotipo (m)	фірмовы знак (м)	[fir'mɔvɨ z'nak]
logo (m)	лагатып (м)	[laɦa'tɨp]
demanda (f)	попыт (м)	['pɔpɨt]
oferta (f)	прапанаванне (н)	[prapana'vanne]
necessidade (f)	патрэба (ж)	[pa'trɛba]
consumidor (m)	спажывец (м)	[spaʒɨ'vets]
análise (f)	аналіз (м)	[a'nalis]
analisar (vt)	аналізаваць	[analiza'vatsʲ]
posicionamento (m)	пазіцыянаванне (н)	[pazitsʲana'vanne]
posicionar (vt)	пазіцыянаваць	[pazitsʲana'vatsʲ]
preço (m)	цана (ж)	[tsa'na]
política (f) de preços	цэнавая палітыка (ж)	['tsɛnavaʲa pa'litika]
formação (f) de preços	цэнаўтварэнне (н)	[tsɛnawtva'rɛnne]

77. Publicidade

publicidade (f)	рэклама (ж)	[rɛk'lama]
publicitar (vt)	рэкламаваць	[rɛklama'vatsʲ]
orçamento (m)	бюджэт (м)	[bʉ'dʒɛt]

anúncio (m) publicitário	рэклама (ж)	[rɛk'lama]
publicidade (f) televisiva	тэлерэклама (ж)	[tɛlerɛk'lama]
publicidade (f) na rádio	рэклама (ж) на радыё	[rɛk'lama na 'radʲio]
publicidade (f) exterior	вонкавая рэклама (ж)	['vɔnkavaʲa rɛk'lama]

comunicação (f) de massa	сродкі (м мн) масавай інфармацыі	['srɔtki 'masavaj infar'matsii]
periódico (m)	перыядычнае выданне (н)	[perʲia'ditʃnae vɨ'danne]
imagem (f)	імідж (м)	['imitʃ]

slogan (m)	лозунг (м)	['lɔzunɦ]
mote (m), divisa (f)	дэвіз (м)	[dɛ'vis]

campanha (f)	кампанія (ж)	[kam'panʲia]
companha (f) publicitária	рэкламная кампанія (ж)	[rɛk'lamnaʲa kam'panʲia]
grupo (m) alvo	мэтавая аўдыторыя (ж)	['mɛtavaʲa awdɨ'torʲia]

cartão (m) de visita	візітная картка (ж)	[vi'zitnaʲa 'kartka]
flyer (m)	лістоўка (ж)	[lis'tɔwka]
brochura (f)	брашура (ж)	[bra'ʃura]
folheto (m)	буклет (м)	[buk'let]
boletim (~ informativo)	бюлетэнь (м)	[bʉle'tɛnʲ]

letreiro (m)	шыльда (ж)	['ʃɨlʲda]
cartaz, póster (m)	плакат (м)	[pla'kat]
painel (m) publicitário	рэкламны шчыт (м)	[rɛk'lamnɨ 'ʃɕit]

78. Banca

banco (m)	банк (м)	['bank]
sucursal, balcão (f)	аддзяленне (н)	[adzʲa'lenne]

consultor (m)	кансультант (м)	[kansulʲ'tant]
gerente (m)	загадчык (м)	[za'ɦatʃɨk]

conta (f)	рахунак (м)	[ra'hunak]
número (m) da conta	нумар (м) рахунку	['numar ra'hunku]
conta (f) corrente	бягучы рахунак (м)	[bʲa'ɦutʃɨ ra'hunak]
conta (f) poupança	назапашвальны рахунак (м)	[naza'paʃvalʲnɨ ra'hunak]

abrir uma conta	адкрыць рахунак	[atk'rɨtsʲ ra'hunak]
fechar uma conta	закрыць рахунак	[za'krɨtsʲ ra'hunak]
depositar na conta	пакласці на рахунак	[pa'klasʲtsi na ra'hunak]
levantar (vt)	зняць з рахунку	['znʲatsʲ z ra'hunku]
depósito (m)	уклад (м)	[u'klat]
fazer um depósito	зрабіць уклад	[zra'bitsʲ u'klat]

transferência (f) bancária	перавод (м)	[pera'vɔt]
transferir (vt)	зрабіць перавод	[zra'bitsʲ pera'vɔt]
soma (f)	сума (ж)	['suma]
Quanto?	Колькі?	['kɔlʲki]
assinatura (f)	подпіс (м)	['pɔtpis]
assinar (vt)	падпісаць	[patpi'satsʲ]
cartão (m) de crédito	крэдытная картка (ж)	[krɛ'ditnaʲa 'kartka]
código (m)	код (м)	['kɔt]
número (m) do cartão de crédito	нумар (м) крэдытнай карткі	['numar krɛ'ditnaj 'kartki]
Caixa Multibanco (m)	банкамат (м)	[banka'mat]
cheque (m)	чэк (м)	['ʧɛk]
passar um cheque	выпісаць чэк	['vipisatsʲ 'ʧɛk]
livro (m) de cheques	чэкавая кніжка (ж)	['ʧɛkavaʲa 'kniʃka]
empréstimo (m)	крэдыт (м)	[krɛ'dit]
pedir um empréstimo	звяртацца па крэдыт	[zvʲar'tatsa pa krɛ'dit]
obter um empréstimo	браць крэдыт	['bratsʲ krɛ'dit]
conceder um empréstimo	даваць крэдыт	[da'vatsʲ krɛ'dit]
garantia (f)	гарантыя (ж)	[ɦa'rantiʲa]

79. Telefone. Conversação telefónica

telefone (m)	тэлефон (м)	[tɛle'fɔn]
telemóvel (m)	мабільны тэлефон (м)	[ma'bilʲnɨ tɛle'fɔn]
secretária (f) electrónica	аўтаадказчык (м)	[awtaat'kaʃɕik]
fazer uma chamada	тэлефанаваць	[tɛlefana'vatsʲ]
chamada (f)	тэлефанаванне (н)	[tɛlefana'vanne]
marcar um número	набраць нумар	[nab'ratsʲ 'numar]
Alô!	алё!	[a'lʲo]
perguntar (vt)	спытаць	[spɨ'tatsʲ]
responder (vt)	адказаць	[atka'zatsʲ]
ouvir (vt)	чуць	['ʧutsʲ]
bem	добра	['dɔbra]
mal	дрэнна	['drɛnna]
ruído (m)	перашкоды (ж мн)	[pera'ʃkɔdɨ]
auscultador (m)	трубка (ж)	['trupka]
pegar o telefone	зняць трубку	['znʲatsʲ 'trupku]
desligar (vi)	пакласці трубку	[pa'klasʲtsi 'trupku]
ocupado	заняты	[za'nʲatɨ]
tocar (vi)	званіць	[zva'nitsʲ]
lista (f) telefónica	тэлефонная кніга (ж)	[tɛle'fɔnnaʲa 'kniɦa]
local	мясцовы	[mʲas'tsɔvɨ]
chamada (f) local	мясцовы званок (м)	[mʲas'tsɔvɨ zva'nɔk]

de longa distância	міжгародні	[miʒhaˈrɔdni]
chamada (f) de longa distância	міжгародні званок (м)	[miʒhaˈrɔdni zvaˈnok]
internacional	міжнародны	[miʒnaˈrɔdni]
chamada (f) internacional	міжнародны званок (м)	[miʒnaˈrɔdnɨ zvaˈnok]

80. Telefone móvel

telemóvel (m)	мабільны тэлефон (м)	[maˈbilʲnɨ tɛleˈfɔn]
ecrã (m)	дысплей (м)	[dɨsˈplej]
botão (m)	кнопка (ж)	[ˈknɔpka]
cartão SIM (m)	SIM-картка (ж)	[simˈkartka]

bateria (f)	батарэя (ж)	[bataˈrɛʲa]
descarregar-se	разрадзіцца	[razraˈdzitsa]
carregador (m)	зарадная прылада (ж)	[zaˈradnaʲa priˈlada]

menu (m)	меню (н)	[meˈnʉ]
definições (f pl)	наладкі (ж мн)	[naˈlatki]
melodia (f)	мелодыя (ж)	[meˈlɔdʲʲa]
escolher (vt)	выбраць	[ˈvɨbratsʲ]

calculadora (f)	калькулятар (м)	[kalʲkuˈlʲatar]
correio (m) de voz	галасавая пошта (ж)	[halasaˈvaja ˈpɔʃta]
despertador (m)	будзільнік (м)	[buˈdzilʲnik]
contatos (m pl)	тэлефонная кніга (ж)	[tɛleˈfɔnnaʲa ˈkniha]

| mensagem (f) de texto | SMS-паведамленне (н) | [ɛsɛˈmɛs pavedamˈlenne] |
| assinante (m) | абанент (м) | [abaˈnent] |

81. Estacionário

| caneta (f) | аўтаручка (ж) | [awtaˈrutʃka] |
| caneta (f) tinteiro | ручка (ж) пёравая | [ˈrutʃka ˈpʲoravaʲa] |

lápis (m)	аловак (м)	[aˈlɔvak]
marcador (m)	маркёр (м)	[marˈkʲor]
caneta (f) de feltro	фламастэр (м)	[flaˈmastɛr]

| bloco (m) de notas | блакнот (м) | [blakˈnɔt] |
| agenda (f) | штодзённік (м) | [ʃtɔˈdzʲonnik] |

régua (f)	лінейка (ж)	[liˈnejka]
calculadora (f)	калькулятар (м)	[kalʲkuˈlʲatar]
borracha (f)	сцірка (ж)	[ˈstsirka]
pionés (m)	кнопка (ж)	[ˈknɔpka]
clipe (m)	сашчэпка (ж)	[saˈʂɕɛpka]

cola (f)	клей (м)	[ˈklej]
agrafador (m)	стэплер (м)	[ˈstɛpler]
furador (m)	дзіркакол (м)	[dzirkaˈkɔl]
afia-lápis (m)	тачылка (ж)	[taˈtʃɨlka]

82. Tipos de negócios

serviços (m pl) de contabilidade	бухгалтарскія паслугі (ж мн)	[buh'ɦaltarskiʲa pas'luɦi]
publicidade (f)	рэклама (ж)	[rɛk'lama]
agência (f) de publicidade	рэкламнае агенцтва (н)	[rɛk'lamnae a'ɦentstva]
ar (m) condicionado	кандыцыянеры (м мн)	[kanditsiʲa'neri]
companhia (f) aérea	авіякампанія (ж)	[aviʲakam'paniʲa]
bebidas (f pl) alcoólicas	спіртныя напіткі (м мн)	[spirt'niʲa na'pitki]
comércio (m) de antiguidades	антыкварыят (м)	[antikvariʲ'at]
galeria (f) de arte	галерэя (ж)	[ɦale'rɛʲa]
serviços (m pl) de auditoria	аўдытарскія паслугі (ж мн)	[aw'ditarskiʲa pas'luɦi]
negócios (m pl) bancários	банкаўскі бізнэс (м)	['bankawski 'biznɛs]
bar (m)	бар (м)	['bar]
salão (m) de beleza	салон (м) прыгажосці	[sa'lɔn priɦa'ʒɔsʲtsi]
livraria (f)	кнігарня (ж)	[kni'ɦarnʲa]
cervejaria (f)	бровар (м)	['brɔvar]
centro (m) de escritórios	бізнэс-цэнтр (м)	['biznɛs 'tsɛntr]
escola (f) de negócios	бізнэс-школа (ж)	['biznɛs 'ʃkɔla]
casino (m)	казіно (н)	[kazi'nɔ]
construção (f)	будаўніцтва (н)	[budaw'nitstva]
serviços (m pl) de consultoria	кансалтынг (м)	[kan'saltinɦ]
estomatologia (f)	стаматалогія (н)	[stamata'lɔɦiʲa]
design (m)	дызайн (м)	[di'zajn]
farmácia (f)	аптэка (ж)	[ap'tɛka]
lavandaria (f)	хімчыстка (ж)	[him'tʃistka]
agência (f) de emprego	кадравае агенцтва (н)	['kadravae a'ɦentstva]
serviços (m pl) financeiros	фінансавыя паслугі (ж мн)	[fi'nansaviʲa pas'luɦi]
alimentos (m pl)	прадукты (м мн) харчавання	[pra'dukti hartʃa'vannʲa]
agência (f) funerária	пахавальнае бюро (н)	[paɦa'valʲnae bʉ'rɔ]
mobiliário (m)	мэбля (ж)	['mɛblʲa]
roupa (f)	адзенне (н)	[a'dzenne]
hotel (m)	гасцініца (ж)	[ɦas'tsinitsa]
gelado (m)	марожанае (н)	[ma'rɔʒanae]
indústria (f)	прамысловасць (ж)	[pramɨ'slɔvastsʲ]
seguro (m)	страхаванне (н)	[straɦa'vanne]
internet (f)	Інтэрнэт (м)	[intɛr'nɛt]
investimento (m)	інвестыцыі (ж мн)	[inves'titsii]
joalheiro (m)	ювелір (м)	[ʉve'lir]
joias (f pl)	ювелірныя вырабы (м мн)	[ʉve'lirniʲa 'virabi]
lavandaria (f)	пральня (ж)	['pralʲnʲa]
serviços (m pl) jurídicos	юрыдычныя паслугі (ж мн)	[ʉri'ditʃniʲa pas'luɦi]
indústria (f) ligeira	лёгкая прамысловасць (ж)	['lʲɔɦkaʲa pramɨ'slɔvastsʲ]
revista (f)	часопіс (м)	[tʃa'sɔpis]
vendas (f pl) por catálogo	гандаль (м) па каталозе	['ɦandalʲ pa kata'lɔze]
medicina (f)	медыцына (ж)	[medi'tsina]
cinema (m)	кінатэатр (м)	[kinatɛ'atr]

museu (m)	музей (м)	[mu'zej]
agência (f) de notícias	інфармацыйнае агенцтва (н)	[infarma'tsijnae a'hentstva]
jornal (m)	газета (ж)	[ɦa'zeta]
clube (m) noturno	начны клуб (м)	[natʃ'nɨ 'klup]

petróleo (m)	нафта (ж)	['nafta]
serviço (m) de encomendas	кур'ерская служба (ж)	[kurʺ'erskaʲa 'sluʒba]
indústria (f) farmacêutica	фармацэўтыка (ж)	[farma'tsɛwtika]
poligrafia (f)	паліграфія (ж)	[pali'ɦrafiʲa]
editora (f)	выдавецтва (н)	[vida'vetstva]

rádio (m)	радыё (н)	['radʲo]
imobiliário (m)	нерухомасць (ж)	[neru'ɦɔmastsʲ]
restaurante (m)	рэстаран (м)	[rɛsta'ran]

empresa (f) de segurança	ахоўнае агенцтва (н)	[a'ɦɔwnae a'ɦentstva]
desporto (m)	спорт (м)	['spɔrt]
bolsa (f)	біржа (ж)	['birʒa]
loja (f)	крама (ж)	['krama]
supermercado (m)	супермаркет (м)	[super'market]
piscina (f)	басейн (м)	[ba'sejn]

alfaiataria (f)	атэлье (н)	[atɛ'lʲe]
televisão (f)	тэлебачанне (н)	[tɛle'batʃanne]
teatro (m)	тэатр (м)	[tɛ'atr]
comércio (atividade)	гандаль (м)	['ɦandalʲ]
serviços (m pl) de transporte	перавозкі (ж мн)	[pera'vɔski]
viagens (f pl)	турызм (м)	[tu'rizm]

veterinário (m)	ветэрынар (м)	[vetɛri'nar]
armazém (m)	склад (м)	['sklat]
recolha (f) do lixo	вываз (м) смецця	['vɨvas 'smetsʲa]

Emprego. Negócios. Parte 2

83. Espetáculo. Feira

feira (f)	выстава (ж)	[vis'tava]
feira (f) comercial	гандлёвая выстава (ж)	[hand'lʲovaʲa vis'tava]
participação (f)	удзел (м)	[u'dzel]
participar (vi)	удзельнічаць	[u'dzelʲnitʃatsʲ]
participante (m)	удзельнік (м)	[u'dzelʲnik]
diretor (m)	дырэктар (м)	[di'rɛktar]
direção (f)	дырэкцыя (ж), аргкамітэт (м)	[di'rɛktsʲiʲa], [arɦkami'tɛt]
organizador (m)	арганізатар (м)	[arɦani'zatar]
organizar (vt)	арганізоўваць	[arɦani'zowvatsʲ]
ficha (f) de inscrição	заяўка (ж) на ўдзел	[za'ʲawka na u'dzel]
preencher (vt)	запоўніць	[za'pownitsʲ]
detalhes (m pl)	дэталі (ж мн)	[dɛ'tali]
informação (f)	інфармацыя (ж)	[infar'matsʲiʲa]
preço (m)	цана (ж)	[tsa'na]
incluindo	уключаючы	[uklʲu'tʃajutʃi]
incluir (vt)	уключаць	[uklʲu'tʃatsʲ]
pagar (vt)	плаціць	[pla'tsitsʲ]
taxa (f) de inscrição	рэгістрацыйны ўзнос (м)	[rɛɦistra'tsijnɨ 'wznɔs]
entrada (f)	уваход (м)	[uva'hɔt]
pavilhão (m)	павільён (м)	[pavi'ljɔn]
inscrever (vt)	рэгістраваць	[rɛɦistra'vatsʲ]
crachá (m)	бэдж (м)	['bɛdʃ]
stand (m)	стэнд (м)	['stɛnt]
reservar (vt)	рэзерваваць	[rɛzerva'vatsʲ]
vitrina (f)	вітрына (ж)	[vit'rina]
foco, spot (m)	свяцільня (ж)	[svʲa'tsilʲnʲa]
design (m)	дызайн (м)	[dɨ'zajn]
pôr, colocar (vt)	размяшчаць	[razmʲa'ʃɕatsʲ]
ser colocado, -a	размяшчацца	[razmʲa'ʃɕatsa]
distribuidor (m)	дыстрыб'ютар (м)	[distrib"ʉtar]
fornecedor (m)	пастаўшчык (м)	[pastaw'ʃɕik]
fornecer (vt)	пастаўляць	[pastaw'lʲatsʲ]
país (m)	краіна (ж)	[kra'ina]
estrangeiro	замежны	[za'mɛʒnɨ]
produto (m)	прадукт (м)	[pra'dukt]
associação (f)	асацыяцыя (ж)	[asatsɨ'ʲatsʲiʲa]
sala (f) de conferências	канферэнц-зала (ж)	[kanfe'rɛnts 'zala]

| congresso (m) | кангрэс (м) | [kanh'rɛs] |
| concurso (m) | конкурс (м) | ['kɔnkurs] |

visitante (m)	наведвальнік (м)	[na'vedvalʲnik]
visitar (vt)	наведваць	[na'vedvatsʲ]
cliente (m)	заказчык (м)	[zɑ'kaʃɕik]

84. Ciência. Investigação. Cientistas

ciência (f)	навука (ж)	[na'vuka]
científico	навуковы	[navu'kɔvi]
cientista (m)	навуковец (м)	[navu'kɔvets]
teoria (f)	тэорыя (ж)	[tɛ'ɔrʲɪa]

axioma (m)	аксіёма (ж)	[aksi'ʲoma]
análise (f)	аналіз (м)	[a'nalis]
analisar (vt)	аналізаваць	[analiza'vatsʲ]
argumento (m)	аргумент (м)	[arhu'ment]
substância (f)	рэчыва (н)	['rɛtʃiva]

hipótese (f)	гіпотэза (ж)	[hi'pɔtɛza]
dilema (m)	дылема (ж)	[di'lema]
tese (f)	дысертацыя (ж)	[diser'tatsʲɪa]
dogma (m)	догма (ж)	['dɔhma]

doutrina (f)	дактрына (ж)	[dak'trina]
pesquisa (f)	даследаванне (н)	[da'sledavanne]
pesquisar (vt)	даследаваць	[da'sledavatsʲ]
teste (m)	кантроль (м)	[kan'trɔlʲ]
laboratório (m)	лабараторыя (ж)	[labara'tɔrʲɪa]

método (m)	метад (м)	['metat]
molécula (f)	малекула (ж)	[ma'lekula]
monitoramento (m)	маніторынг (м)	[mani'tɔrinh]
descoberta (f)	адкрыццё (н)	[atkri'tsʲo]

postulado (m)	пастулат (м)	[pastu'lat]
princípio (m)	прынцып (м)	['printsip]
prognóstico (previsão)	прагноз (м)	[prah'nɔs]
prognosticar (vt)	прагназіраваць	[prahna'ziravatsʲ]

síntese (f)	сінтэз (м)	['sintɛs]
tendência (f)	тэндэнцыя (ж)	[tɛn'dɛntsʲɪa]
teorema (m)	тэарэма (ж)	[tɛa'rɛma]

ensinamentos (m pl)	вучэнне (н)	[vu'tʃɛnne]
facto (m)	факт (м)	['fakt]
expedição (f)	экспедыцыя (ж)	[ɛkspe'ditsʲɪa]
experiência (f)	эксперымент (м)	[ɛksperi'ment]

académico (m)	акадэмік (м)	[aka'dɛmik]
bacharel (m)	бакалаўр (м)	[baka'lawr]
doutor (m)	доктар (м)	['dɔktar]
docente (m)	дацэнт (м)	[da'tsɛnt]

mestre (m)	магістр (м)	[ma'ɦistr]
professor (m) catedrático	прафесар (м)	[pra'fesar]

Profissões e ocupações

85. Procura de emprego. Demissão

trabalho (m)	праца (ж)	['pratsa]
equipa (f)	штат (м)	['ʃtat]
pessoal (m)	персанал (м)	[persa'nal]
carreira (f)	кар'ера (ж)	[karʺera]
perspetivas (f pl)	перспектыва (ж)	[perspek'tiva]
mestria (f)	майстэрства (н)	[maj'stɛrstva]
seleção (f)	падбор (м)	[pad'bɔr]
agência (f) de emprego	кадравае агенцтва (н)	['kadravae a'ɦentstva]
CV, currículo (m)	рэзюмэ (н)	[rɛzʉ'mɛ]
entrevista (f) de emprego	сумоўе (н)	[su'mɔwe]
vaga (f)	вакансія (ж)	[va'kansiʲa]
salário (m)	заробак (м)	[za'rɔbak]
salário (m) fixo	аклад (м)	[ak'lat]
pagamento (m)	аплата (ж)	[a'plata]
posto (m)	пасада (ж)	[pa'sada]
dever (do empregado)	абавязак (м)	[aba'vʲazak]
gama (f) de deveres	кола (н)	['kɔla]
ocupado	заняты	[za'nʲati]
despedir, demitir (vt)	звольніць	['zvɔlʲnitsʲ]
demissão (f)	звальненне (н)	[zvalʲ'nenne]
desemprego (m)	беспрацоўе (н)	[bespra'tsɔwe]
desempregado (m)	беспрацоўны (м)	[bespra'tsɔwnɨ]
reforma (f)	пенсія (ж)	['pensiʲa]
reformar-se	пайсці на пенсію	[pajsʲtsi na 'pensiʉ]

86. Gente de negócios

diretor (m)	дырэктар (м)	[di'rɛktar]
gerente (m)	загадчык (м)	[za'ɦatʃɨk]
patrão, chefe (m)	кіраўнік (м)	[kiraw'nik]
superior (m)	начальнік (м)	[na'tʃalʲnik]
superiores (m pl)	начальства (н)	[na'tʃalʲstva]
presidente (m)	прэзідэнт (м)	[prɛzi'dɛnt]
presidente (m) de direção	старшыня (ж)	[starʃi'nʲa]
substituto (m)	намеснік (м)	[na'mesnik]
assistente (m)	памочнік (м)	[pa'mɔtʃnik]

secretário (m)	сакратар (м)	[sakra'tar]
secretário (m) pessoal	асабісты сакратар (м)	[asa'bistɨ sakra'tar]
homem (m) de negócios	бізнэсмен (м)	[biznɛs'men]
empresário (m)	прадпрымальнік (м)	[pratprɨ'malʲnik]
fundador (m)	заснавальнік (м)	[zasna'valʲnik]
fundar (vt)	заснаваць	[zasna'vatsʲ]
fundador, sócio (m)	заснавальнік (м)	[zasna'valʲnik]
parceiro, sócio (m)	партнёр (м)	[part'nʲor]
acionista (m)	акцыянер (м)	[aktsɨʲa'ner]
milionário (m)	мільянер (м)	[milʲa'ner]
bilionário (m)	мільярдэр (м)	[milʲar'dɛr]
proprietário (m)	уладальнік (м)	[ula'dalʲnik]
proprietário (m) de terras	землеўладальнік (м)	[zemlewla'dalʲnik]
cliente (m)	кліент (м)	[kli'ent]
cliente (m) habitual	сталы кліент (м)	[stalɨ kli'ent]
comprador (m)	пакупнік (м)	[pakup'nik]
visitante (m)	наведвальнік (м)	[na'vedvalʲnik]
profissional (m)	прафесіянал (м)	[prafesiʲa'nal]
perito (m)	эксперт (м)	[ɛks'pert]
especialista (m)	спецыяліст (м)	[spetsɨʲa'list]
banqueiro (m)	банкір (м)	[ban'kir]
corretor (m)	брокер (м)	['brɔker]
caixa (m, f)	касір (м)	[ka'sir]
contabilista (m)	бухгалтар (м)	[buh'haltar]
guarda (m)	ахоўнік (м)	[a'hɔwnik]
investidor (m)	інвестар (м)	[in'vestar]
devedor (m)	даўжнік (м)	[dawʒ'nik]
credor (m)	крэдытор (м)	[krɛdɨ'tɔr]
mutuário (m)	пазычальнік (м)	[pazɨ'ʧalʲnik]
importador (m)	імпарцёр (м)	[impar'tsʲor]
exportador (m)	экспарцёр (м)	[ɛkspar'tsʲor]
produtor (m)	вытворца (м)	[vɨt'vɔrtsa]
distribuidor (m)	дыстрыб'ютар (м)	[distrɨbʔɨtar]
intermediário (m)	пасярэднік (м)	[pasʲa'rɛdnik]
consultor (m)	кансультант (м)	[kansulʲ'tant]
representante (m)	прадстаўнік (м)	[pratsstaw'nik]
agente (m)	агент (м)	[a'ɦent]
agente (m) de seguros	страхавы агент (м)	[straha'vɨ a'ɦent]

87. Profissões de serviços

cozinheiro (m)	повар (м)	['pɔvar]
cozinheiro chefe (m)	шэф-повар (м)	[ʃɛf'pɔvar]

padeiro (m)	пекар (м)	['pekar]
barman (m)	бармэн (м)	[bar'mɛn]
empregado (m) de mesa	афіцыянт (м)	[afitsiˈjant]
empregada (f) de mesa	афіцыянтка (ж)	[afitsiˈjantka]
advogado (m)	адвакат (м)	[adva'kat]
jurista (m)	юрыст (м)	[ʉ'rist]
notário (m)	натарыус (м)	[na'tarius]
eletricista (m)	электрык (м)	[ɛ'lektrik]
canalizador (m)	сантэхнік (м)	[san'tɛhnik]
carpinteiro (m)	цясляр (м)	[tsʲasˈlʲar]
massagista (m)	масажыст (м)	[masa'ʒist]
massagista (f)	масажыстка (ж)	[masa'ʒistka]
médico (m)	урач (м)	[u'ratʃ]
taxista (m)	таксіст (м)	[tak'sist]
condutor (automobilista)	шафёр (м)	[ʃa'fʲor]
entregador (m)	кур'ер (м)	[kurʔʲer]
camareira (f)	пакаёўка (ж)	[pakaˈʲowka]
guarda (m)	ахоўнік (м)	[a'hɔwnik]
hospedeira (f) de bordo	сцюардэса (ж)	[sʲtsʉar'dɛsa]
professor (m)	настаўнік (м)	[na'stawnik]
bibliotecário (m)	бібліятэкар (м)	[bibliʲa'tɛkar]
tradutor (m)	перакладчык (м)	[pera'klatʃik]
intérprete (m)	перакладчык (м)	[pera'klatʃik]
guia (pessoa)	гід, экскурсавод (м)	['ɦit], [ɛkskursa'vɔt]
cabeleireiro (m)	цырульнік (м)	[tsiˈrulʲnik]
carteiro (m)	паштальён (м)	[paʃtaˈlʲjɔn]
vendedor (m)	прадавец (м)	[prada'vets]
jardineiro (m)	садоўнік (м)	[sa'dɔwnik]
criado (m)	слуга (м, ж)	[slu'ɦa]
criada (f)	служанка (ж)	[slu'ʒanka]
empregada (f) de limpeza	прыбіральшчыца (ж)	[pribi'ralʲɕitsa]

88. Profissões militares e postos

soldado (m) raso	радавы (м)	[rada'vi]
sargento (m)	сяржант (м)	[sʲar'ʒant]
tenente (m)	лейтэнант (м)	[lejtɛ'nant]
capitão (m)	капітан (м)	[kapi'tan]
major (m)	маёр (м)	[maˈʲor]
coronel (m)	палкоўнік (м)	[pal'kɔwnik]
general (m)	генерал (м)	[ɦene'ral]
marechal (m)	маршал (м)	['marʃal]
almirante (m)	адмірал (м)	[admi'ral]
militar (m)	вайсковец (м)	[vajs'kɔvets]
soldado (m)	салдат (м)	[sal'dat]

| oficial (m) | афіцэр (м) | [afi'tsɛr] |
| comandante (m) | камандзір (м) | [kaman'dzir] |

guarda (m) fronteiriço	пагранічнік (м)	[paɦra'nitʃnik]
operador (m) de rádio	радыст (м)	[ra'dist]
explorador (m)	разведчык (м)	[raz'vetʃik]
sapador (m)	сапёр (м)	[sa'pʲor]
atirador (m)	стралок (м)	[stra'lɔk]
navegador (m)	штурман (м)	['ʃturman]

89. Oficiais. Padres

| rei (m) | кароль (м) | [ka'rɔlʲ] |
| rainha (f) | каралева (ж) | [kara'leva] |

| príncipe (m) | прынц (м) | ['prints] |
| princesa (f) | прынцэса (ж) | [prin'tsɛsa] |

| czar (m) | цар (м) | ['tsar] |
| czarina (f) | царыца (ж) | [tsa'ritsa] |

presidente (m)	Прэзідэнт (м)	[prɛzi'dɛnt]
ministro (m)	міністр (м)	[mi'nistr]
primeiro-ministro (m)	прэм'ер-міністр (м)	[prɛm"er mi'nistr]
senador (m)	сенатар (м)	[se'natar]

diplomata (m)	дыпламат (м)	[dipla'mat]
cônsul (m)	консул (м)	['kɔnsul]
embaixador (m)	пасол (м)	[pa'sɔl]
conselheiro (m)	саветнік (м)	[sa'vetnik]

funcionário (m)	чыноўнік (м)	[tʃi'nownik]
prefeito (m)	прэфект (м)	[prɛ'fekt]
Presidente (m) da Câmara	мэр (м)	['mɛr]

| juiz (m) | суддзя (м) | [su'dzʲa] |
| procurador (m) | пракурор (м) | [praku'rɔr] |

missionário (m)	місіянер (м)	[misiʲa'ner]
monge (m)	манах (м)	[ma'nah]
abade (m)	абат (м)	[a'bat]
rabino (m)	рабін (м)	[ra'bin]

vizir (m)	візір (м)	[vi'zir]
xá (m)	шах (м)	['ʃah]
xeque (m)	шэйх (м)	['ʃɛjh]

90. Profissões agrícolas

apicultor (m)	пчаляр (м)	[ptʃa'lʲar]
pastor (m)	пастух (м)	[pas'tuh]
agrónomo (m)	аграном (м)	[aɦra'nɔm]

| criador (m) de gado | жывёлавод (м) | [ʒiˈvʲolaˈvot] |
| veterinário (m) | ветэрынар (м) | [vetɛriˈnar] |

agricultor (m)	фермер (м)	[ˈfermer]
vinicultor (m)	вінароб (м)	[vinaˈrɔp]
zoólogo (m)	заолаг (м)	[zaˈɔlaɦ]
cowboy (m)	каўбой (м)	[kawˈbɔj]

91. Profissões artísticas

| ator (m) | акцёр (м) | [akˈtsʲor] |
| atriz (f) | актрыса (ж) | [aktˈrisa] |

| cantor (m) | спявак (м) | [spʲaˈvak] |
| cantora (f) | спявачка (ж) | [spʲaˈvatʃka] |

| bailarino (m) | танцор (м) | [tanˈtsor] |
| bailarina (f) | танцоўшчыца (ж) | [tanˈtsowʃɕitsa] |

| artista (m) | артыст (м) | [arˈtist] |
| artista (f) | артыстка (ж) | [arˈtistka] |

músico (m)	музыка (м)	[muˈzɨka]
pianista (m)	піяніст (м)	[pʲiaˈnist]
guitarrista (m)	гітарыст (м)	[ɦitaˈrist]

maestro (m)	дырыжор (м)	[dɨriˈʒor]
compositor (m)	кампазітар (м)	[kampaˈzitar]
empresário (m)	імпрэсарыо (м)	[imprɛˈsariɔ]

realizador (m)	рэжысёр (м)	[rɛʒiˈsʲor]
produtor (m)	прадзюсер (м)	[praˈdzʉser]
argumentista (m)	сцэнарыст (м)	[stsɛnaˈrist]
crítico (m)	крытык (м)	[ˈkritik]

escritor (m)	пісьменнік (м)	[pisʲˈmennik]
poeta (m)	паэт (м)	[paˈɛt]
escultor (m)	скульптар (м)	[ˈskulʲptar]
pintor (m)	мастак (м)	[masˈtak]

malabarista (m)	жанглёр (м)	[ʒanɦˈlʲor]
palhaço (m)	клоун (м)	[ˈkloun]
acrobata (m)	акрабат (м)	[akraˈbat]
mágico (m)	фокуснік (м)	[ˈfɔkusnik]

92. Várias profissões

médico (m)	урач (м)	[uˈratʃ]
enfermeira (f)	медсястра (ж)	[metsʲasˈtra]
psiquiatra (m)	псіхіятр (м)	[psihiˈʲatr]
estomatologista (m)	стаматолаг (м)	[stamaˈtɔlaɦ]
cirurgião (m)	хірург (м)	[hiˈrurɦ]

T&P Books. Vocabulário Português-Bielorrusso - 5000 palavras

astronauta (m)	астранаўт (м)	[astra'nawt]
astrónomo (m)	астраном (м)	[astra'nɔm]
piloto (m)	лётчык, пілот (м)	[lʲottʃik], [pi'lot]

motorista (m)	вадзіцель (м)	[va'dzitselʲ]
maquinista (m)	машыніст (м)	[maʃi'nist]
mecânico (m)	механік (м)	[me'hanik]

mineiro (m)	шахцёр (м)	[ʃah'tsʲor]
operário (m)	рабочы (м)	[ra'bɔtʃi]
serralheiro (m)	слесар (м)	['slesar]
marceneiro (m)	сталяр (м)	[sta'lʲar]
torneiro (m)	токар (м)	['tɔkar]
construtor (m)	будаўнік (м)	[budaw'nik]
soldador (m)	зваршчык (м)	['zvarʃɕik]

professor (m) catedrático	прафесар (м)	[pra'fesar]
arquiteto (m)	архітэктар (м)	[arhi'tɛktar]
historiador (m)	гісторык (м)	[ɦis'tɔrik]
cientista (m)	навуковец (м)	[navu'kɔvets]
físico (m)	фізік (м)	['fizik]
químico (m)	хімік (м)	['himik]

arqueólogo (m)	археолаг (м)	[arhe'ɔlaɦ]
geólogo (m)	геолаг (м)	[ɦe'ɔlaɦ]
pesquisador (cientista)	даследчык (м)	[da'sletʃik]

babysitter (f)	нянька (ж)	['nʲanʲka]
professor (m)	педагог (м)	[peda'ɦɔɦ]

redator (m)	рэдактар (м)	[rɛ'daktar]
redator-chefe (m)	галоўны рэдактар (м)	[ɦa'lɔwnɨ rɛ'daktar]
correspondente (m)	карэспандэнт (м)	[karɛspan'dɛnt]
datilógrafa (f)	машыністка (ж)	[maʃi'nistka]

designer (m)	дызайнер (м)	[dɨ'zajner]
especialista (m) em informática	камп'ютэршчык (м)	[kamp"ʉtɛrʃɕik]
programador (m)	праграміст (м)	[praɦra'mist]
engenheiro (m)	інжынер (м)	[inʒɨ'ner]

marujo (m)	марак (м)	[ma'rak]
marinheiro (m)	матрос (м)	[mat'rɔs]
salvador (m)	ратавальнік (м)	[rata'valʲnik]

bombeiro (m)	пажарны (м)	[pa'ʒarnɨ]
polícia (m)	паліцэйскі (м)	[pali'tsɛjski]
guarda-noturno (m)	вартаўнік (м)	[vartaw'nik]
detetive (m)	сышчык (м)	['sɨʃɕik]

funcionário (m) da alfândega	мытнік (м)	['mɨtnik]
guarda-costas (m)	целаахоўнік (м)	[tselaa'hownik]
guarda (m) prisional	наглядчык (м)	[na'ɦlʲatʃik]
inspetor (m)	інспектар (м)	[in'spektar]
desportista (m)	спартсмен (м)	[sparts'men]
treinador (m)	трэнер (м)	['trɛner]

talhante (m)	мяснік (м)	[mʲas'nik]
sapateiro (m)	шавец (м)	[ʃa'vets]
comerciante (m)	камерсант (м)	[kamer'sant]
carregador (m)	грузчык (м)	['ɦruʃcik]
estilista (m)	мадэльер (м)	[madɛ'lʲer]
modelo (f)	мадэль (ж)	[ma'dɛlʲ]

93. Ocupações. Estatuto social

aluno, escolar (m)	школьнік (м)	['ʃkɔlʲnik]
estudante (~ universitária)	студэнт (м)	[stu'dɛnt]
filósofo (m)	філосаф (м)	[fi'lɔsaf]
economista (m)	эканаміст (м)	[ɛkana'mist]
inventor (m)	вынаходца (м)	[vɨna'ɦɔtsa]
desempregado (m)	беспрацоўны (м)	[bespra'tsɔwnɨ]
reformado (m)	пенсіянер (м)	[pensiʲa'ner]
espião (m)	шпіён (м)	['ʃpiʲon]
preso (m)	зняволены (м)	[znʲa'vɔlenɨ]
grevista (m)	забастоўшчык (м)	[zaba'stɔwʃcik]
burocrata (m)	бюракрат (м)	[bʉra'krat]
viajante (m)	падарожнік (м)	[pada'rɔʒnik]
homossexual (m)	гомасексуаліст (м)	[ɦɔmaseksua'list]
hacker (m)	хакер (м)	['haker]
bandido (m)	бандыт (м)	[ban'dɨt]
assassino (m) a soldo	наёмны забойца (м)	[naʲomnɨ za'bɔjtsa]
toxicodependente (m)	наркаман (м)	[narka'man]
traficante (m)	наркагандляр (м)	[narkaɦand'lʲar]
prostituta (f)	прастытутка (ж)	[prastɨ'tutka]
chulo (m)	сутэнёр (м)	[sutɛ'nʲor]
bruxo (m)	вядзьмак (м)	[vʲadzj'mak]
bruxa (f)	вядзьмарка (ж)	[vʲadzj'marka]
pirata (m)	пірат (м)	[pi'rat]
escravo (m)	раб (м)	['rap]
samurai (m)	самурай (м)	[samu'raj]
selvagem (m)	дзікун (м)	[dzi'kun]

Educação

94. Escola

escola (f)	школа (ж)	['ʃkɔla]
diretor (m) de escola	дырэктар (м) школы	[di'rɛktar 'ʃkɔli]
aluno (m)	вучань (м)	['vutʃanʲ]
aluna (f)	вучаніца (ж)	[vutʃa'nitsa]
escolar (m)	школьнік (м)	['ʃkɔlʲnik]
escolar (f)	школьніца (ж)	['ʃkɔlʲnitsa]
ensinar (vt)	навучаць	[navu'tʃatsʲ]
aprender (vt)	вучыць	[vu'tʃitsʲ]
aprender de cor	вучыць напамяць	[vu'tʃits na'pamʲatsʲ]
estudar (vi)	вучыцца	[vu'tʃitsa]
andar na escola	вучыцца	[vu'tʃitsa]
ir à escola	ісці ў школу	[is'tsi w 'ʃkɔlu]
alfabeto (m)	алфавіт (м)	[alfa'vit]
disciplina (f)	прадмет (м)	[prad'met]
sala (f) de aula	клас (м)	['klas]
lição (f)	урок (м)	[u'rɔk]
recreio (m)	перапынак (м)	[pera'pinak]
toque (m)	званок (м)	[zva'nɔk]
carteira (f)	парта (ж)	['parta]
quadro (m) negro	дошка (ж)	['dɔʃka]
nota (f)	адзнака (ж)	[ad'znaka]
boa nota (f)	добрая адзнака (ж)	['dɔbraʲa ad'znaka]
nota (f) baixa	дрэнная адзнака (ж)	['drɛnnaʲa ad'znaka]
dar uma nota	ставіць адзнаку	[stavitsʲ ad'znaku]
erro (m)	памылка (ж)	[pa'milka]
fazer erros	рабіць памылкі	[ra'bitsʲ pa'milki]
corrigir (vt)	выпраўляць	[vipraw'lʲatsʲ]
cábula (f)	шпаргалка (ж)	[ʃparˈɦalka]
dever (m) de casa	дамашняе заданне (н)	[da'maʃnʲae za'danne]
exercício (m)	практыкаванне (н)	[praktika'vanne]
estar presente	прысутнічаць	[pri'sutnitʃatsʲ]
estar ausente	адсутнічаць	[a'tsutnitʃatsʲ]
faltar às aulas	прапускаць урокі	[prapus'katsʲ u'roki]
punir (vt)	караць	[ka'ratsʲ]
punição (f)	пакаранне (н)	[paka'ranne]
comportamento (m)	паводзіны (мн)	[pa'vɔdzini]

boletim (m) escolar	дзённік (м)	['dzʲɔnnik]
lápis (m)	аловак (м)	[a'lɔvak]
borracha (f)	сцірка (ж)	['stsirka]
giz (m)	крэйда (ж)	['krɛjda]
estojo (m)	пенал (м)	[pe'nal]
pasta (f) escolar	партфель (м)	[part'felʲ]
caneta (f)	ручка (ж)	['rutʃka]
caderno (m)	сшытак (м)	['ʃitak]
manual (m) escolar	падручнік (м)	[pad'rutʃnik]
compasso (m)	цыркуль (м)	['tsirkulʲ]
traçar (vt)	чарціць	[tʃar'tsitsʲ]
desenho (m) técnico	чарцёж (м)	[tʃar'tsʲoʃ]
poesia (f)	верш (м)	['verʃ]
de cor	напамяць	[na'pamʲatsʲ]
aprender de cor	вучыць напамяць	[vu'tʃits na'pamʲatsʲ]
férias (f pl)	канікулы (мн)	[ka'nikuli]
estar de férias	быць на канікулах	[bitsʲ na ka'nikulah]
passar as férias	правесці канікулы	[pra'vestsi ka'nikuli]
teste (m)	кантрольная работа (ж)	[kan'trolʲnaʲa ra'bɔta]
composição, redação (f)	сачыненне (н)	[satʃi'nenne]
ditado (m)	дыктоўка (ж)	[dik'tɔwka]
exame (m)	экзамен (м)	[ɛg'zamen]
fazer exame	здаваць экзамены	[zda'vatsʲ ɛh'zameni]
experiência (~ química)	дослед (м)	['dɔslet]

95. Colégio. Universidade

academia (f)	акадэмія (ж)	[aka'dɛmiʲa]
universidade (f)	універсітэт (м)	[universi'tɛt]
faculdade (f)	факультэт (м)	[fakulʲ'tɛt]
estudante (m)	студэнт (м)	[stu'dɛnt]
estudante (f)	студэнтка (ж)	[stu'dɛntka]
professor (m)	выкладчык (м)	[vɨk'latʃik]
sala (f) de palestras	аўдыторыя (ж)	[awdi'tɔriʲa]
graduado (m)	выпускнік (м)	[vɨpusk'nik]
diploma (m)	дыплом (м)	[dɨp'lɔm]
tese (f)	дысертацыя (ж)	[diser'tatsʲʲa]
estudo (obra)	даследаванне (н)	[da'sledavanne]
laboratório (m)	лабараторыя (ж)	[labara'tɔriʲa]
palestra (f)	лекцыя (ж)	['lektsʲʲa]
colega (m) de curso	аднакурснік (м)	[adna'kursnik]
bolsa (f) de estudos	стыпендыя (ж)	[stɨ'pendiʲa]
grau (m) académico	навуковая ступень (ж)	[navu'kɔvaʲa stu'penʲ]

96. Ciências. Disciplinas

matemática (f)	матэматыка (ж)	[matɛ'matika]
álgebra (f)	алгебра (ж)	['alɦebra]
geometria (f)	геаметрыя (ж)	[ɦea'metrʲia]

astronomia (f)	астраномія (ж)	[astra'nɔmʲia]
biologia (f)	біялогія (ж)	[bʲia'lɔɦʲia]
geografia (f)	геаграфія (ж)	[ɦea'ɦrafʲia]
geologia (f)	геалогія (ж)	[ɦea'lɔɦʲia]
história (f)	гісторыя (ж)	[ɦis'tɔrʲia]

medicina (f)	медыцына (ж)	[medi'tsina]
pedagogia (f)	педагогіка (ж)	[peda'ɦɔɦika]
direito (m)	права (н)	['prava]

física (f)	фізіка (ж)	['fizika]
química (f)	хімія (ж)	['himʲia]
filosofia (f)	філасофія (ж)	[fila'sɔfʲia]
psicologia (f)	псіхалогія (ж)	[psiha'lɔhʲia]

97. Sistema de escrita. Ortografia

gramática (f)	граматыка (ж)	[ɦra'matika]
vocabulário (m)	лексіка (ж)	['leksika]
fonética (f)	фанетыка (ж)	[fa'netika]

substantivo (m)	назоўнік (м)	[na'zɔwnik]
adjetivo (m)	прыметнік (м)	[pri'metnik]
verbo (m)	дзеяслоў (м)	[dzeʲa'slɔw]
advérbio (m)	прыслоўе (н)	[pri'slɔwe]

pronome (m)	займеннік (м)	[zaj'mennik]
interjeição (f)	выклічнік (м)	[vik'litʃnik]
preposição (f)	прыназоўнік (м)	[prina'zɔwnik]

raiz (f) da palavra	корань (м) слова	['kɔranʲ 'slova]
terminação (f)	канчатак (м)	[kan'tʃatak]
prefixo (m)	прыстаўка (ж)	[pri'stawka]
sílaba (f)	склад (м)	['sklat]
sufixo (m)	суфікс (м)	['sufiks]

| acento (m) | націск (м) | ['natsisk] |
| apóstrofo (m) | апостраф (м) | [a'pɔstraf] |

ponto (m)	кропка (ж)	['krɔpka]
vírgula (f)	коска (ж)	['kɔska]
ponto e vírgula (m)	кропка (ж) з коскай	['krɔpka s 'kɔskaj]
dois pontos (m pl)	двукроп'е (н)	[dvu'krɔpʲe]
reticências (f pl)	шматкроп'е (н)	[ʃmat'krɔpʲe]

| ponto (m) de interrogação | пытальнік (м) | [pi'talʲnik] |
| ponto (m) de exclamação | клічнік (м) | ['klitʃnik] |

aspas (f pl)	двукоссе (н)	[dvu'kɔsse]
entre aspas	у двукоссі	[u dvu'kɔssi]
parênteses (m pl)	дужкі (ж мн)	['duʃki]
entre parênteses	у дужках	[u 'duʃkah]
hífen (m)	дэфіс (м)	[dɛ'fis]
travessão (m)	працяжнік (м)	[pra'tsʲaʒnik]
espaço (m)	прабел (м)	[pra'bel]
letra (f)	літара (ж)	['litara]
letra (f) maiúscula	вялікая літара (ж)	[vʲa'likaʲa 'litara]
vogal (f)	галосны гук (м)	[ɦa'lɔsnɨ 'ɦuk]
consoante (f)	зычны гук (м)	[zɨt͡ʃnɨ 'ɦuk]
frase (f)	сказ (м)	['skas]
sujeito (m)	дзейнік (м)	['dzejnik]
predicado (m)	выказнік (м)	[vɨ'kazʲnik]
linha (f)	радок (м)	[ra'dɔk]
em uma nova linha	з новага радка	[z 'nɔvaɦa rat'ka]
parágrafo (m)	абзац (м)	[ab'zats]
palavra (f)	слова (н)	['slɔva]
grupo (m) de palavras	словазлучэнне (н)	[slɔvazlu'tʃɛnne]
expressão (f)	выраз (м)	['vɨras]
sinónimo (m)	сінонім (м)	[si'nɔnim]
antónimo (m)	антонім (м)	[an'tɔnim]
regra (f)	правіла (н)	['pravila]
exceção (f)	выключэнне (н)	[vɨklʉ'tʃɛnne]
correto	правільны	['pravilʲnɨ]
conjugação (f)	спражэнне (н)	[spra'ʒɛnne]
declinação (f)	скланенне (н)	[skla'nenne]
caso (m)	склон (м)	['sklɔn]
pergunta (f)	пытанне (н)	[pɨ'tanne]
sublinhar (vt)	падкрэсліць	[pat'krɛslitsʲ]
linha (f) pontilhada	пункцір (м)	[punk'tsir]

98. Línguas estrangeiras

língua (f)	мова (ж)	['mɔva]
estrangeiro	замежны	[za'meʒnɨ]
língua (f) estrangeira	замежная мова (ж)	[za'meʒnaʲa 'mɔva]
estudar (vt)	вывучаць	[vɨvu'tʃatsʲ]
aprender (vt)	вучыць	[vu'tʃɨtsʲ]
ler (vt)	чытаць	[tʃɨ'tatsʲ]
falar (vi)	гаварыць	[ɦava'rɨtsʲ]
compreender (vt)	разумець	[razu'metsʲ]
escrever (vt)	пісаць	[pi'satsʲ]
rapidamente	хутка	['hutka]
devagar	павольна	[pa'vɔlʲna]

fluentemente	лёгка	['lʲofika]
regras (f pl)	правілы (н мн)	['pravili]
gramática (f)	граматыка (ж)	[fira'matika]
vocabulário (m)	лексіка (ж)	['leksika]
fonética (f)	фанетыка (ж)	[fa'netika]
manual (m) escolar	падручнік (м)	[pad'rutʃnik]
dicionário (m)	слоўнік (м)	['slɔwnik]
manual (m) de autoaprendizagem	самавучыцель (м)	[samavu'tʃitselʲ]
guia (m) de conversação	размоўнік (м)	[raz'mɔwnik]
cassete (f)	касета (ж)	[ka'seta]
vídeo cassete (m)	відэакасета (ж)	['vidɛa ka'seta]
CD (m)	кампакт-дыск (м)	[kam'pakt 'disk]
DVD (m)	DVD (м)	[dʑiwi'dʑi]
alfabeto (m)	алфавіт (м)	[alfa'vit]
soletrar (vt)	гаварыць па літарах	[fiava'ritsʲ pa 'litarah]
pronúncia (f)	вымаўленне (н)	[vimaw'lenne]
sotaque (m)	акцэнт (м)	[ak'tsɛnt]
com sotaque	з акцэнтам	[z ak'tsɛntam]
sem sotaque	без акцэнту	[bez ak'tsɛntu]
palavra (f)	слова (н)	['slɔva]
sentido (m)	сэнс (м)	['sɛns]
cursos (m pl)	курсы (м мн)	['kursi]
inscrever-se (vr)	запісацца	[zapi'satsa]
professor (m)	выкладчык (м)	[vik'latʃik]
tradução (processo)	пераклад (м)	[pera'klat]
tradução (texto)	пераклад (м)	[pera'klat]
tradutor (m)	перакладчык (м)	[pera'klatʃik]
intérprete (m)	перакладчык (м)	[pera'klatʃik]
poliglota (m)	паліглот (м)	[pali'fiɫɔt]
memória (f)	памяць (ж)	['pamʲatsʲ]

Descanso. Entretenimento. Viagens

99. Viagens

turismo (m)	турызм (м)	[tu'rizm]
turista (m)	турыст (м)	[tu'rist]
viagem (f)	падарожжа (н)	[pada'rɔʐa]
aventura (f)	прыгода (ж)	[pri'ɦɔda]
viagem (f)	паездка (ж)	[pa'estka]
férias (f pl)	водпуск (м)	['vɔtpusk]
estar de férias	быць у водпуску	['bitsʲ u 'vɔtpusku]
descanso (m)	адпачынак (м)	[atpa'tʃinak]
comboio (m)	цягнік (м)	[tsʲaɦ'nik]
de comboio (chegar ~)	цягніком	[tsʲaɦni'kɔm]
avião (m)	самалёт (м)	[sama'lʲot]
de avião	самалётам	[sama'lʲotam]
de carro	на аўтамабілі	[na awtama'bili]
de navio	на караблі	[na karab'li]
bagagem (f)	багаж (м)	[ba'ɦaʃ]
mala (f)	чамадан (м)	[tʃama'dan]
carrinho (m)	каляска (ж) для багажу	[ka'lʲaska dlʲa baɦaʒu]
passaporte (m)	пашпарт (м)	['paʃpart]
visto (m)	віза (ж)	['viza]
bilhete (m)	білет (м)	[bi'let]
bilhete (m) de avião	авіябілет (м)	[aviʲabi'let]
guia (m) de viagem	даведнік (м)	[da'vednik]
mapa (m)	карта (ж)	['karta]
local (m), area (f)	мясцовасць (ж)	[mʲas'tsɔvastsʲ]
lugar, sítio (m)	месца (н)	['mesʲtsa]
exotismo (m)	экзотыка (ж)	[ɛg'zɔtika]
exótico	экзатычны	[ɛgza'titʃni]
surpreendente	дзівосны	[dzi'vɔsnɨ]
grupo (m)	група (ж)	['ɦrupa]
excursão (f)	экскурсія (ж)	[ɛks'kursiʲa]
guia (m)	гід, экскурсавод (м)	['ɦit], [ɛkskursa'vɔt]

100. Hotel

hotel (m)	гасцініца (ж)	[ɦas'tsinitsa]
hotel (m)	гатэль (м)	[ɦa'tɛl]
motel (m)	матэль (м)	[ma'tɛlʲ]

três estrelas	тры зоркі	[trɨ 'zɔrki]
cinco estrelas	пяць зорак	[pʲatsʲ 'zɔrak]
ficar (~ num hotel)	спыніцца	[spɨ'nitsa]
quarto (m)	нумар (м)	['numar]
quarto (m) individual	аднамесны нумар (м)	[adna'mesnɨ 'numar]
quarto (m) duplo	двухмесны нумар (м)	[dvuh'mesnɨ 'numar]
reservar um quarto	браніраваць нумар	[bra'niravatsʲ 'numar]
meia pensão (f)	паўпансіён (м)	[pawpansiʲon]
pensão (f) completa	поўны пансіён (м)	['pɔwnɨ pansiʲon]
com banheira	з ваннай	[z 'vannaj]
com duche	з душам	[z 'duʃam]
televisão (m) satélite	спадарожнікавае тэлебачанне (н)	[spada'rɔʒnikavae tɛle'batʃanne]
ar (m) condicionado	кандыцыянер (м)	[kanditsɨʲa'ner]
toalha (f)	ручнік (м)	[rutʃ'nik]
chave (f)	ключ (м)	['klʉtʃ]
administrador (m)	адміністратар (м)	[admini'stratar]
camareira (f)	пакаёўка (ж)	[pakaʲowka]
bagageiro (m)	насільшчык (м)	[na'silʲʃɕik]
porteiro (m)	парцье (м)	[par'tsʲe]
restaurante (m)	рэстаран (м)	[rɛsta'ran]
bar (m)	бар (м)	['bar]
pequeno-almoço (m)	сняданак (м)	[snʲa'danak]
jantar (m)	вячэра (ж)	[vʲa'tʃɛra]
buffet (m)	шведскі стол (м)	['ʃvetski 'stɔl]
hall (m) de entrada	вестыбюль (м)	[vesti'bʉlʲ]
elevador (m)	ліфт (м)	['lift]
NÃO PERTURBE	НЕ ТУРБАВАЦЬ	[ne turba'vatsʲ]
PROIBIDO FUMAR!	НЕ КУРЫЦЬ!	[ne ku'ritsʲ]

EQUIPAMENTO TÉCNICO. TRANSPORTES

Equipamento técnico. Transportes

101. Computador

computador (m)	камп'ютэр (м)	[kampʺutɛr]
portátil (m)	ноўтбук (м)	['nɔwdbuk]
ligar (vt)	уключыць	[uklʉ'tʃitsʲ]
desligar (vt)	выключыць	['viklʉtʃitsʲ]
teclado (m)	клавіятура (ж)	[klaviʲa'tura]
tecla (f)	клавіша (ж)	['klaviʃa]
rato (m)	мыш (ж)	['miʃ]
tapete (m) de rato	дыванок (м)	[diva'nɔk]
botão (m)	кнопка (ж)	['knɔpka]
cursor (m)	курсор (м)	[kur'sɔr]
monitor (m)	манітор (м)	[mani'tɔr]
ecrã (m)	экран (м)	[ɛk'ran]
disco (m) rígido	цвёрды дыск (м)	[tsvʲordɨ 'disk]
capacidade (f) do disco rígido	аб'ём (м) цвёрдага дыска	[a'bʔʲom 'tsvʲordaɦa 'diska]
memória (f)	памяць (ж)	['pamʲatsʲ]
memória RAM (f)	аператыўная памяць (ж)	[apera'tiwnaʲa 'pamʲatsʲ]
ficheiro (m)	файл (м)	['fajl]
pasta (f)	папка (ж)	['papka]
abrir (vt)	адкрыць	[atk'ritsʲ]
fechar (vt)	закрыць	[za'kritsʲ]
guardar (vt)	захаваць	[zaha'vatsʲ]
apagar, eliminar (vt)	выдаліць	['vidalitsʲ]
copiar (vt)	скапіраваць	[ska'piravatsʲ]
ordenar (vt)	сартаваць	[sarta'vatsʲ]
copiar (vt)	перапісаць	[perapi'satsʲ]
programa (m)	праграма (ж)	[praɦ'rama]
software (m)	праграмнае забеспячэнне (н)	[praɦ'ramnae zabespʲa'tʃɛnne]
programador (m)	праграміст (м)	[praɦra'mist]
programar (vt)	праграміраваць	[praɦra'miravatsʲ]
hacker (m)	хакер (м)	['haker]
senha (f)	пароль (м)	[pa'rɔlʲ]
vírus (m)	вірус (м)	['virus]
detetar (vt)	знайсці	[znajs'tsi]

byte (m)	байт (м)	['bajt]
megabyte (m)	мегабайт (м)	[meɦa'bajt]
dados (m pl)	даныя (мн)	['daniʲa]
base (f) de dados	база (ж) даных	['baza 'danɨh]
cabo (m)	кабель (м)	['kabelʲ]
desconectar (vt)	адлучыць	[adlu'ʧɨtsʲ]
conetar (vt)	далучыць	[dalu'ʧɨtsʲ]

102. Internet. E-mail

internet (f)	Інтэрнэт (м)	[intɛr'nɛt]
browser (m)	браўзер (м)	['brawzer]
motor (m) de busca	пошукавы рэсурс (м)	[poʃukavɨ rɛ'surs]
provedor (m)	правайдэр (м)	[pra'vajdɛr]
webmaster (m)	вэб-майстар (м)	[wɛp'majstar]
website, sítio web (m)	вэб-сайт (м)	[wɛp'sajt]
página (f) web	вэб-старонка (ж)	['wɛp sta'rɔnka]
endereço (m)	адрас (м)	['adras]
livro (m) de endereços	адрасная кніга (ж)	[adrasnaʲa 'kniɦa]
caixa (f) de correio	паштовая скрынка (ж)	[paʃ'tɔvaʲa 'skrinka]
correio (m)	пошта (ж)	['pɔʃta]
cheia (caixa de correio)	перапоўненая	[pera'pownenaʲa]
mensagem (f)	паведамленне (н)	[pavedam'lenne]
mensagens (f pl) recebidas	уваходныя паведамленні	[uva'hodnʲʲa pavedam'lenni]
mensagens (f pl) enviadas	выходныя паведамленні	[vɨ'hodnʲʲa pavedam'lenni]
remetente (m)	адпраўшчык (м)	[at'prawʃɕik]
enviar (vt)	адправіць	[at'pravitsʲ]
envio (m)	адпраўка (ж)	[at'prawka]
destinatário (m)	атрымальнік (м)	[atrɨ'malʲnik]
receber (vt)	атрымаць	[atrɨ'matsʲ]
correspondência (f)	перапіска (ж)	[pera'piska]
corresponder-se (vr)	перапісвацца	[pera'pisvatsa]
ficheiro (m)	файл (м)	['fajl]
fazer download, baixar	спампаваць	[spampa'vatsʲ]
criar (vt)	стварыць	[stva'rɨtsʲ]
apagar, eliminar (vt)	выдаліць	['vɨdalitsʲ]
eliminado	выдалены	['vɨdaleni]
conexão (f)	сувязь (ж)	['suvʲasʲ]
velocidade (f)	хуткасць (ж)	['hutkastsʲ]
modem (m)	мадэм (м)	[ma'dɛm]
acesso (m)	доступ (м)	['dɔstup]
porta (f)	порт (м)	['pɔrt]
conexão (f)	падключэнне (н)	[patklʲu'ʧɛnne]
conetar (vi)	падключыцца да …	[patklʲu'ʧɨtsa da …]

| escolher (vt) | выбраць | ['vɨbratsʲ] |
| buscar (vt) | шукаць | [ʃu'katsʲ] |

103. Eletricidade

eletricidade (f)	электрычнасць (ж)	[ɛlekt'ritʃnastsʲ]
elétrico	электрычны	[ɛlekt'ritʃni]
central (f) elétrica	электрастанцыя (ж)	[ɛ'lektra 'stantsʲia]
energia (f)	энергія (ж)	[ɛ'nerɦiʲa]
energia (f) elétrica	электраэнергія (ж)	[ɛ'lektra ɛ'nerɦiʲa]

lâmpada (f)	лямпачка (ж)	['lʲampatʃka]
lanterna (f)	ліхтар (м)	[lih'tar]
poste (m) de iluminação	ліхтар (м)	[lih'tar]

luz (f)	святло (н)	[svʲat'lɔ]
ligar (vt)	уключаць	[uklʉ'tʃatsʲ]
desligar (vt)	выключаць	[vɨklʉ'tʃatsʲ]
apagar a luz	пагасіць святло	[paɦa'sitsʲ svʲat'lɔ]

fundir (vi)	перагарэць	[peraɦa'rɛtsʲ]
curto-circuito (m)	кароткае замыканне (н)	[ka'rɔtkae zamɨ'kanne]
rutura (f)	абрыў (м)	[ab'rɨw]
contacto (m)	кантакт (м)	[kan'takt]

interruptor (m)	выключальнік (м)	[vɨklʉ'tʃalʲnik]
tomada (f)	разетка (ж)	[ra'zetka]
ficha (f)	вілка (ж)	['vilka]
extensão (f)	падаўжальнік (м)	[padaw'ʒalʲnik]

fusível (m)	засцерагальнік (м)	[zasʲtsera'ɦalʲnik]
fio, cabo (m)	провад (м)	['prɔvat]
instalação (f) elétrica	праводка (ж)	[pra'vɔtka]

ampere (m)	ампер (м)	[am'per]
amperagem (f)	сіла (ж) току	[sila 'tɔku]
volt (m)	вольт (м)	['vɔlʲt]
voltagem (f)	напружанне (н)	[na'pruʒanne]

| aparelho (m) elétrico | электрапрыбор (м) | [ɛ'lektra pri'bɔr] |
| indicador (m) | індыкатар (м) | [indɨ'katar] |

eletricista (m)	электрык (м)	[ɛ'lektrik]
soldar (vt)	паяць	[pa'ʲatsʲ]
ferro (m) de soldar	паяльнік (м)	[pa'ʲalʲnik]
corrente (f) elétrica	ток (м)	['tɔk]

104. Ferramentas

ferramenta (f)	інструмент (м)	[instru'ment]
ferramentas (f pl)	інструменты (м мн)	[instru'mentɨ]
equipamento (m)	абсталяванне (н)	[apstalʲa'vanne]

martelo (m)	малаток (м)	[mala'tɔk]
chave (f) de fendas	адвёртка (ж)	[at'vʲortka]
machado (m)	сякера (ж)	[sʲa'kera]
serra (f)	піла (ж)	[pi'la]
serrar (vt)	пілаваць	[pila'vatsʲ]
plaina (f)	гэбель (м)	['ɦɛbelʲ]
aplainar (vt)	габляваць	[ɦablʲa'vatsʲ]
ferro (m) de soldar	паяльнік (м)	[pa'ʲalʲnik]
soldar (vt)	паяць	[pa'ʲatsʲ]
lima (f)	напільнік (м)	[na'pilʲnik]
tenaz (f)	абцугі (мн)	[aptsu'ɦi]
alicate (m)	пласкагубцы (мн)	[plaska'ɦuptsi]
formão (m)	стамеска (ж)	[sta'meska]
broca (f)	свердзел (м)	['sverdzel]
berbequim (f)	дрыль (м)	['drilʲ]
furar (vt)	свідраваць	[svidra'vatsʲ]
faca (f)	нож (м)	['nɔʃ]
lâmina (f)	лязо (н)	[lʲa'zɔ]
afiado	востры	['vɔstri]
cego	тупы	[tu'pi]
embotar-se (vr)	затупіцца	[zatu'pitsa]
afiar, amolar (vt)	вастрыць	[vast'ritsʲ]
parafuso (m)	болт (м)	['bɔlt]
porca (f)	гайка (ж)	['ɦajka]
rosca (f)	разьба (ж)	[razʲ'ba]
parafuso (m) para madeira	шруба (ж)	['ʃruba]
prego (m)	цвік (м)	['tsʲvik]
cabeça (f) do prego	плешка (ж)	['pleʃka]
régua (f)	лінейка (ж)	[li'nejka]
fita (f) métrica	рулетка (ж)	[ru'letka]
nível (m)	ватэрпас (м)	[vatɛr'pas]
lupa (f)	лупа (ж)	['lupa]
medidor (m)	вымяральны прыбор (м)	[vimʲa'ralʲni pri'bɔr]
medir (vt)	вымяраць	[vimʲa'ratsʲ]
escala (f)	шкала (ж)	[ʃka'la]
indicação (f), registo (m)	паказанне (н)	[paka'zanne]
compressor (m)	кампрэсар (м)	[kam'prɛsar]
microscópio (m)	мікраскоп (м)	[mikra'skɔp]
bomba (f)	помпа (ж)	['pɔmpa]
robô (m)	робат (м)	['rɔbat]
laser (m)	лазер (м)	['lazer]
chave (f) de boca	гаечны ключ (м)	['ɦaetʃni 'klʉtʃ]
fita (f) adesiva	стужка-скотч (ж)	[stuʃka 'skɔtʃ]
cola (f)	клей (м)	['klej]

lixa (f)	наждачная папера (ж)	[naʒ'datʃnaʲa pa'pera]
mola (f)	спружына (ж)	[spru'ʒina]
íman (m)	магніт (м)	[mah'nit]
luvas (f pl)	пальчаткі (ж мн)	[palʲ'tʃatki]
corda (f)	вяроўка (ж)	[vʲa'rɔwka]
cordel (m)	шнур (м)	['ʃnur]
fio (m)	провад (м)	['prɔvat]
cabo (m)	кабель (м)	['kabelʲ]
marreta (f)	кувалда (ж)	[ku'valda]
pé de cabra (m)	лом (м)	['lɔm]
escada (f) de mão	лескі (мн)	['leski]
escadote (m)	драбіны (ж мн)	[dra'binɨ]
enroscar (vt)	закручваць	[za'krutʃvatsʲ]
desenroscar (vt)	адкручваць	[at'krutʃvatsʲ]
apertar (vt)	заціскаць	[zatsis'katsʲ]
colar (vt)	прыклейваць	[prik'lejvatsʲ]
cortar (vt)	рэзаць	['rɛzatsʲ]
falha (mau funcionamento)	няспраўнасць (ж)	[nʲas'prawnastsʲ]
conserto (m)	папраўка (ж)	[pa'prawka]
consertar, reparar (vt)	рамантаваць	[ramanta'vatsʲ]
regular, ajustar (vt)	рэгуляваць	[rɛhulʲa'vatsʲ]
verificar (vt)	правяраць	[pravʲa'ratsʲ]
verificação (f)	праверка (ж)	[pra'verka]
indicação (f), registo (m)	паказанне (н)	[paka'zanne]
seguro	надзейны	[na'dzejnɨ]
complicado	складаны	[skla'danɨ]
enferrujar (vi)	іржавець	[irʒa'vetsʲ]
enferrujado	іржавы	[ir'ʒavɨ]
ferrugem (f)	іржа (ж)	[ir'ʒa]

Transportes

105. Avião

avião (m)	самалёт (м)	[sama'lʲot]
bilhete (m) de avião	авіябілет (м)	[aviʲabi'let]
companhia (f) aérea	авіякампанія (ж)	[aviʲakam'paniʲa]
aeroporto (m)	аэрапорт (м)	[aɛra'pɔrt]
supersónico	звышгукавы	[zvɨʒɦuka'vʲi]
comandante (m) do avião	камандзір (м) карабля	[kaman'dzir karab'lʲa]
tripulação (f)	экіпаж (м)	[ɛki'paʃ]
piloto (m)	пілот (м)	[pi'lɔt]
hospedeira (f) de bordo	сцюардэса (ж)	[sʲtsʉar'dɛsa]
copiloto (m)	штурман (м)	['ʃturman]
asas (f pl)	крылы (н мн)	['krɨlʲi]
cauda (f)	хвост (м)	['hvɔst]
cabine (f) de pilotagem	кабіна (ж)	[ka'bina]
motor (m)	рухавік (м)	[ruha'vik]
trem (m) de aterragem	шасі (н)	[ʃa'si]
turbina (f)	турбіна (ж)	[tur'bina]
hélice (f)	прапелер (м)	[pra'peler]
caixa-preta (f)	чорная скрынка (ж)	['tʃɔrnaʲa 'skrinka]
coluna (f) de controlo	штурвал (м)	[ʃtur'val]
combustível (m)	гаручае (н)	[ɦaru'tʃae]
instruções (f pl) de segurança	інструкцыя (ж)	[in'struktsɨʲa]
máscara (f) de oxigénio	кіслародная маска (ж)	[kisla'rɔdnaʲa 'maska]
uniforme (m)	уніформа (ж)	[uni'fɔrma]
colete (m) salva-vidas	выратавальная камізэлька (ж)	[virata'valʲnaʲa kami'zɛlʲka]
paraquedas (m)	парашут (м)	[para'ʃut]
descolagem (f)	узлёт (м)	[uz'lʲot]
descolar (vi)	узляцаць	[uzlʲa'tatsʲ]
pista (f) de descolagem	узлётная паласа (ж)	[uz'lʲotnaʲa pala'sa]
visibilidade (f)	бачнасць (ж)	['batʃnastsʲ]
voo (m)	палёт (м)	[pa'lʲot]
altura (f)	вышыня (ж)	[vɨʃɨ'nʲa]
poço (m) de ar	паветраная яма (ж)	[pa'vetranaʲa ʲama]
assento (m)	месца (н)	['mesʲtsa]
auscultadores (m pl)	навушнікі (м мн)	[na'vuʃniki]
mesa (f) rebatível	адкідны столік (м)	[atkid'nɨ 'stɔlik]
vigia (f)	ілюмінатар (м)	[iʎumi'natar]
passagem (f)	праход (м)	[pra'hɔt]

106. Comboio

comboio (m)	цягнік (м)	[tsʲaɦ'nik]
comboio (m) suburbano	электрацягнік (м)	[ɛ'lektra tsʲaɦ'nik]
comboio (m) rápido	хуткі цягнік (м)	[hutki tsʲaɦ'nik]
locomotiva (f) diesel	цеплавоз (м)	[tsepla'vɔs]
locomotiva (f) a vapor	паравоз (м)	[para'vɔs]

carruagem (f)	вагон (м)	[va'ɦɔn]
carruagem restaurante (f)	вагон-рэстаран (м)	[va'ɦɔn rɛsta'ran]

carris (m pl)	рэйкі (ж мн)	['rɛjki]
caminho de ferro (m)	чыгунка (ж)	[tʃi'ɦunka]
travessa (f)	шпала (ж)	['ʃpala]

plataforma (f)	платформа (ж)	[plat'fɔrma]
linha (f)	пуць (ж)	['putsʲ]
semáforo (m)	семафор (м)	[sema'fɔr]
estação (f)	станцыя (ж)	['stantsʲja]

maquinista (m)	машыніст (м)	[maʃi'nist]
bagageiro (m)	насільшчык (м)	[na'silʲʃɕik]
hospedeiro, -a (da carruagem)	праваднік (м)	[pravad'nik]
passageiro (m)	пасажыр (м)	[pasa'ʒir]
revisor (m)	кантралёр (м)	[kantra'lʲor]

corredor (m)	калідор (м)	[kali'dɔr]
freio (m) de emergência	стоп-кран (м)	[stɔp'kran]

compartimento (m)	купэ (н)	[ku'pɛ]
cama (f)	лаўка (ж)	['lawka]
cama (f) de cima	лаўка (ж) верхняя	[lawka 'verhnæʲa]
cama (f) de baixo	лаўка (ж) ніжняя	[lawka 'niʒnæʲa]
roupa (f) de cama	пасцельная бялізна (ж)	[pasʲtselʲnaʲa bʲa'lizna]

bilhete (m)	білет (м)	[bi'let]
horário (m)	расклад (м)	[ras'klat]
painel (m) de informação	табло (н)	[tab'lɔ]

partir (vt)	адыходзіць	[adi'hɔdzitsʲ]
partida (f)	адпраўленне (н)	[atpraw'lenne]
chegar (vi)	прыбываць	[pribi'vatsʲ]
chegada (f)	прыбыццё (н)	[pribi'tsʲo]

chegar de comboio	прыехаць цягніком	[pri'ehatsʲ tsʲaɦni'kɔm]
apanhar o comboio	сесці на цягнік	['sesʲtsi na tsʲaɦ'nik]
sair do comboio	сысці з цягніка	[sisʲtsi z tsʲaɦni'ka]

acidente (m) ferroviário	крушэнне (н)	[kru'ʃɛnne]
descarrilar (vi)	сысці з рэек	[sisʲtsi z 'rɛek]
locomotiva (f) a vapor	паравоз (м)	[para'vɔs]
fogueiro (m)	качагар (м)	[katʃa'ɦar]
fornalha (f)	топка (ж)	['tɔpka]
carvão (m)	вугаль (м)	['vuɦalʲ]

107. Barco

navio (m)	карабель (м)	[kara'belʲ]
embarcação (f)	судна (н)	['sudna]
vapor (m)	параход (м)	[para'hɔt]
navio (m)	цеплаход (м)	[tsepla'hɔt]
transatlântico (m)	лайнер (м)	['lajner]
cruzador (m)	крэйсер (м)	['krɛjser]
iate (m)	яхта (ж)	['ʲahta]
rebocador (m)	буксір (м)	[buk'sir]
barcaça (f)	баржа (ж)	['barʒa]
ferry (m)	паром (м)	[pa'rɔm]
veleiro (m)	паруснік (м)	['parusnik]
bergantim (m)	брыганціна (ж)	[briɦan'tsina]
quebra-gelo (m)	ледакол (м)	[leda'kɔl]
submarino (m)	падводная лодка (ж)	[pad'vɔdnaʲa 'lɔtka]
bote, barco (m)	лодка (ж)	['lɔtka]
bote, dingue (m)	шлюпка (ж)	['ʃlʉpka]
bote (m) salva-vidas	шлюпка (ж) выратавальная	[ʃlʉpka virata'valʲnaʲa]
lancha (f)	катэр (м)	['katɛr]
capitão (m)	капітан (м)	[kapi'tan]
marinheiro (m)	матрос (м)	[mat'rɔs]
marujo (m)	марак (м)	[ma'rak]
tripulação (f)	экіпаж (м)	[ɛki'paʃ]
contramestre (m)	боцман (м)	['bɔtsman]
grumete (m)	юнга (ж)	['ʉnɦa]
cozinheiro (m) de bordo	кок (м)	['kɔk]
médico (m) de bordo	суднавы ўрач (м)	['sudnavɨ 'wratʃ]
convés (m)	палуба (ж)	['paluba]
mastro (m)	мачта (ж)	['matʃta]
vela (f)	парус (м)	['parus]
porão (m)	трум (м)	['trum]
proa (f)	нос (м)	['nɔs]
popa (f)	карма (ж)	[kar'ma]
remo (m)	вясло (н)	[vʲas'lɔ]
hélice (f)	вінт (м)	['vint]
camarote (m)	каюта (ж)	[ka'ʉta]
sala (f) dos oficiais	кают-кампанія (ж)	[ka'ʉt kam'panʲiʲa]
sala (f) das máquinas	машыннае аддзяленне (н)	[ma'ʃɨnnae adzʲa'lenne]
ponte (m) de comando	капітанскі мосцік (м)	[kapi'tanski 'mɔsʲtsik]
sala (f) de comunicações	радыёрубка (ж)	[radʲo'rupka]
onda (f) de rádio	хваля (ж)	['hvalʲa]
diário (m) de bordo	суднавы журнал (м)	['sudnavɨ ʒur'nal]
luneta (f)	падзорная труба (ж)	[pa'dzɔrnaʲa tru'ba]

sino (m)	звон (м)	['zvɔn]
bandeira (f)	сцяг (м)	['stsʲaɦ]

cabo (m)	канат (м)	[ka'nat]
nó (m)	вузел (м)	['vuzel]

corrimão (m)	поручань (м)	['pɔrutʃanʲ]
prancha (f) de embarque	трап (м)	['trap]

âncora (f)	якар (м)	[ˈʲakar]
recolher a âncora	падняць якар	[pad'nʲatsʲ ˈʲakar]
lançar a âncora	кінуць якар	['kinutsʲ ˈʲakar]
amarra (f)	якарны ланцуг (м)	[ˈʲakarnɨ lan'tsuɦ]

porto (m)	порт (м)	['pɔrt]
cais, amarradouro (m)	прычал (м)	[pri'tʃal]
atracar (vi)	прычальваць	[pri'tʃalʲvatsʲ]
desatracar (vi)	адчальваць	[a'tʃalʲvatsʲ]

viagem (f)	падарожжа (н)	[pada'rɔʐa]
cruzeiro (m)	круіз (м)	[kru'is]
rumo (m), rota (f)	курс (м)	['kurs]
itinerário (m)	маршрут (м)	[marʃ'rut]

canal (m) navegável	фарватэр (м)	[far'vatɛr]
banco (m) de areia	мель (ж)	['melʲ]
encalhar (vt)	сесці на мель	[sesʲtsi na 'melʲ]

tempestade (f)	бура (ж)	['bura]
sinal (m)	сігнал (м)	[siɦ'nal]
afundar-se (vr)	тануць	[ta'nutsʲ]
Homem ao mar!	Чалавек за бортам!	[tʃala'vek za 'bortam!]
SOS	SOS	['sɔs]
boia (f) salva-vidas	выратавальны круг (м)	[virata'valʲni kruɦ]

108. Aeroporto

aeroporto (m)	аэрапорт (м)	[aɛra'pɔrt]
avião (m)	самалёт (м)	[sama'lʲot]
companhia (f) aérea	авіякампанія (ж)	[avʲiakam'panʲia]
controlador (m) de tráfego aéreo	дыспетчар (м)	[dɨs'petʃar]

partida (f)	вылет (м)	['vɨlet]
chegada (f)	прылёт (м)	[pri'lʲot]
chegar (~ de avião)	прыляцець	[prilʲa'tsetsʲ]

hora (f) de partida	час (м) вылету	[tʃas 'vɨletu]
hora (f) de chegada	час (м) прылёту	[tʃas pri'lʲotu]

estar atrasado	затрымлівацца	[za'trɨmlivatsa]
atraso (m) de voo	затрымка (ж) вылету	[za'trɨmka 'vɨletu]
painel (m) de informação	інфармацыйнае табло (н)	[infarma'tsɨjnae tab'lɔ]
informação (f)	інфармацыя (ж)	[infar'matsɨʲa]

anunciar (vt)	абвяшчаць	[abvʲaˈʃʨatsʲ]
voo (m)	рэйс (м)	[ˈrɛjs]
alfândega (f)	мытня (ж)	[ˈmitnʲa]
funcionário (m) da alfândega	мытнік (м)	[ˈmitnik]
declaração (f) alfandegária	дэкларацыя (ж)	[dɛklaˈratsʲɨa]
preencher (vt)	запоўніць	[zaˈpɔwnitsʲ]
preencher a declaração	запоўніць дэкларацыю	[zaˈpɔwnitsʲ dɛklaˈratsɨʉ]
controlo (m) de passaportes	пашпартны кантроль (м)	[ˈpaʃpartnɨ kanˈtrɔlʲ]
bagagem (f)	багаж (м)	[baˈɦaʃ]
bagagem (f) de mão	ручная паклажа (ж)	[rutʃˈnaʲa pakˈlaʒa]
carrinho (m)	каляска (ж) для багажу	[kaˈlʲaska dlʲa baɦaʒu]
aterragem (f)	пасадка (ж)	[paˈsatka]
pista (f) de aterragem	пасадачная паласа (ж)	[paˈsadatʃnaʲa palaˈsa]
aterrar (vi)	садзіцца	[saˈdzitsa]
escada (f) de avião	трап (м)	[ˈtrap]
check-in (m)	рэгістрацыя (ж)	[rɛɦiˈstratsʲɨa]
balcão (m) do check-in	стойка (ж) рэгістрацыі	[stɔjka rɛɦistˈratsii]
fazer o check-in	зарэгістравацца	[zarɛɦistraˈvatsa]
cartão (m) de embarque	пасадачны талон (м)	[paˈsadatʃnɨ taˈlɔn]
porta (f) de embarque	выхад (м)	[ˈvihat]
trânsito (m)	транзіт (м)	[tranˈzit]
esperar (vi, vt)	чакаць	[tʃaˈkatsʲ]
sala (f) de espera	зала (ж) чакання	[ˈzala tʃaˈkannʲa]
despedir-se de ...	праводзіць	[praˈvɔdzitsʲ]
despedir-se (vr)	развітвацца	[razˈvitvatsa]

Eventos

109. Férias. Evento

festa (f)	свята (н)	['svʲata]
festa (f) nacional	нацыянальнае свята (н)	[natsʲi̯aˈnalʲnae 'svʲata]
feriado (m)	святочны дзень (м)	[svʲaˈtotʃnɨ 'dzenʲ]
festejar (vt)	святкаваць	[svʲatkaˈvatsʲ]

evento (festa, etc.)	падзея (ж)	[paˈdzeʲa]
evento (banquete, etc.)	мерапрыемства (н)	[merapriˈemstva]
banquete (m)	банкет (м)	[banˈket]
receção (f)	прыём (м)	[ˈprʲi̯om]
festim (m)	бяседа (ж)	[bʲaˈseda]

aniversário (m)	гадавіна (ж)	[hadaˈvina]
jubileu (m)	юбілей (м)	[ʉbiˈlej]
celebrar (vt)	адзначыць	[adzˈnatʃɨtsʲ]

Ano (m) Novo	Новы год (м)	[ˈnovɨ 'hot]
Feliz Ano Novo!	З Новым годам!	[z 'novɨm 'hodam]
Pai (m) Natal	Дзед Мароз, Санта Клаўс	[dzʲet maˈroz], [ˈsanta 'klaws]

Natal (m)	Каляды (ж мн)	[kaˈlʲadɨ]
Feliz Natal!	Вясёлых Каляд!	[vʲaˈsʲolɨh kaˈlʲat]
árvore (f) de Natal	Навагодняя ёлка (ж)	[navaˈhodnæʲa 'jolka]
fogo (m) de artifício	салют (м)	[saˈlʉt]

boda (f)	вяселле (н)	[vʲaˈselle]
noivo (m)	жаніх (м)	[ʒaˈnih]
noiva (f)	нявеста (ж)	[nʲaˈvesta]

convidar (vt)	запрашаць	[zapraˈʃatsʲ]
convite (m)	запрашэнне (н)	[zapraˈʃɛnne]

convidado (m)	госць (м)	[ˈhostsʲ]
visitar (vt)	ісці ў госці	[isˈtsi w ˈhosʲtsi]
receber os hóspedes	сустракаць гасцей	[sustraˈkatsʲ hasˈtsej]

presente (m)	падарунак (м)	[padaˈrunak]
oferecer (vt)	дарыць	[daˈrɨtsʲ]
receber presentes	атрымоўваць падарункі	[atriˈmowvatsʲ padaˈrunki]
ramo (m) de flores	букет (м)	[buˈket]

felicitações (f pl)	віншаванне (н)	[vinʃaˈvanne]
felicitar (dar os parabéns)	віншаваць	[vinʃaˈvatsʲ]

cartão (m) de parabéns	віншавальная паштоўка (ж)	[winʃaˈvalʲnaʲa paʃˈtowka]
enviar um postal	адправіць паштоўку	[atˈprawitsʲ paʃˈtowku]

receber um postal	атрымаць паштоўку	[atri'matsʲ paʲʃtɔwku]
brinde (m)	тост (м)	['tɔst]
oferecer (vt)	частаваць	[tʃasta'vatsʲ]
champanhe (m)	шампанскае (н)	[ʃam'panskae]
divertir-se (vr)	весяліцца	[vesʲa'litsa]
diversão (f)	весялосць (ж)	[vesʲa'lɔstsʲ]
alegria (f)	радасць (ж)	['radastsʲ]
dança (f)	танец (м)	['tanets]
dançar (vi)	танцаваць	[tantsa'vatsʲ]
valsa (f)	вальс (м)	['valʲs]
tango (m)	танга (н)	['tanɦa]

110. Funerais. Enterro

cemitério (m)	могілкі (мн)	['mɔɦilki]
sepultura (f), túmulo (m)	магіла (ж)	[ma'ɦila]
cruz (f)	крыж (м)	['kriʃ]
lápide (f)	надмагільны помнік (м)	[nadma'ɦilʲni 'pɔmnik]
cerca (f)	агароджа (ж)	[aɦa'rɔdʒa]
capela (f)	капліца (ж)	[kap'litsa]
morte (f)	смерць (ж)	['smertsʲ]
morrer (vi)	памерці	[pa'mertsi]
defunto (m)	нябожчык (м)	[nʲa'bɔʃɕik]
luto (m)	жалоба (ж)	[ʒa'lɔba]
enterrar, sepultar (vt)	хаваць	[ha'vatsʲ]
agência (f) funerária	пахавальнае бюро (н)	[paɦa'valʲnae bʉ'rɔ]
funeral (m)	пахаванне (н)	[paɦa'vanne]
coroa (f) de flores	вянок (м)	[vʲa'nɔk]
caixão (m)	труна (ж)	[tru'na]
carro (m) funerário	катафалк (м)	[kata'falk]
mortalha (f)	саван (м)	['savan]
procissão (f) funerária	жалобная працэсія	[ʒa'lɔbnaʲa pra'tsɛsiʲa]
urna (f) funerária	урна (ж)	['urna]
crematório (m)	крэматорый (м)	[krɛma'tɔrij]
obituário (m), necrologia (f)	некралог (м)	[nekra'lɔɦ]
chorar (vi)	плакаць	['plakatsʲ]
soluçar (vi)	рыдаць	[ri'datsʲ]

111. Guerra. Soldados

pelotão (m)	узвод (м)	[uz'vɔt]
companhia (f)	рота (ж)	['rɔta]
regimento (m)	полк (м)	['pɔlk]
exército (m)	армія (ж)	['armiʲa]

divisão (f)	дывізія (ж)	[di'vizi‍a]
destacamento (m)	атрад (м)	[at'rat]
hoste (f)	войска (н)	['vɔjska]
soldado (m)	салдат (м)	[sal'dat]
oficial (m)	афіцэр (м)	[ɑfi'tsɛr]
soldado (m) raso	радавы (м)	[rada'vɨ]
sargento (m)	сяржант (м)	[sʲar'ʒant]
tenente (m)	лейтэнант (м)	[lejtɛ'nant]
capitão (m)	капітан (м)	[kapi'tan]
major (m)	маёр (м)	[ma‍ʲor]
coronel (m)	палкоўнік (м)	[pal'kɔwnik]
general (m)	генерал (м)	[ɦene'ral]
marujo (m)	марак (м)	[ma'rak]
capitão (m)	капітан (м)	[kapi'tan]
contramestre (m)	боцман (м)	['bɔtsman]
artilheiro (m)	артылерыст (м)	[artile'rist]
soldado (m) paraquedista	дэсантнік (м)	[dɛ'santnik]
piloto (m)	лётчык (м)	['lʲotʃik]
navegador (m)	штурман (м)	['ʃturman]
mecânico (m)	механік (м)	[me'ɦanik]
sapador (m)	сапёр (м)	[sa'pʲor]
paraquedista (m)	парашутыст (м)	[paraʃu'tist]
explorador (m)	разведчык (м)	[raz'vetʃik]
franco-atirador (m)	снайпер (м)	['snajper]
patrulha (f)	патруль (м)	[pat'rulʲ]
patrulhar (vt)	патруляваць	[patrulʲa'vatsʲ]
sentinela (f)	вартавы (м)	[varta'vɨ]
guerreiro (m)	воін (м)	['vɔin]
patriota (m)	патрыёт (м)	['patriʲot]
herói (m)	герой (м)	[ɦe'rɔj]
heroína (f)	гераіня (ж)	[ɦera'inʲa]
traidor (m)	здраднік (м)	['zdradnik]
trair (vt)	здрадзіць	['zdradzitsʲ]
desertor (m)	дэзерцір (м)	[dɛzer'tsir]
desertar (vt)	дэзерціраваць	[dɛzer'tsiravatsʲ]
mercenário (m)	найміт (м)	['najmit]
recruta (m)	навабранец (м)	[nava'branets]
voluntário (m)	добраахвотнік (м)	[dɔbraaɦ'vɔtnik]
morto (m)	забіты (м)	[za'bitɨ]
ferido (m)	паранены (м)	[pa'ranenɨ]
prisioneiro (m) de guerra	палонны (м)	[pa'lɔnnɨ]

112. Guerra. Ações militares. Parte 1

guerra (f)	вайна (ж)	[vaj'na]
guerrear (vt)	ваяваць	[vaʲa'vatsʲ]

guerra (f) civil	грамадзянская вайна (ж)	[ɦrama'dzʲanskaʲa vajˈna]
perfidamente	вераломна	[vera'lɔmna]
declaração (f) de guerra	абвяшчэнне (н)	[abvʲaˈʃɕɛnne]
declarar (vt) guerra	абвясціць	[abvʲas'tsitsʲ]
agressão (f)	агрэсія (ж)	[aɦ'rɛsiʲa]
atacar (vt)	нападаць	[napa'datsʲ]

invadir (vt)	захопліваць	[za'hɔplivatsʲ]
invasor (m)	захопнік (м)	[za'hɔpnik]
conquistador (m)	заваёўнік (м)	[zava'ⁱownik]

defesa (f)	абарона (ж)	[aba'rɔna]
defender (vt)	абараняць	[abara'nʲatsʲ]
defender-se (vr)	абараняцца	[abara'nʲatsa]

inimigo (m)	вораг (м)	['vɔraɦ]
adversário (m)	супраціўнік (м)	[supra'tsiwnik]
inimigo	варожы	[va'rɔʒi]

| estratégia (f) | стратэгія (ж) | [stra'tɛɦiʲa] |
| tática (f) | тактыка (ж) | ['taktika] |

ordem (f)	загад (м)	[za'ɦat]
comando (m)	каманда (ж)	[ka'manda]
ordenar (vt)	загадваць	[za'ɦadvatsʲ]
missão (f)	заданне (н)	[za'danne]
secreto	сакрэтны	[sak'rɛtni]

| batalha (f) | бітва (ж) | ['bitva] |
| combate (m) | бой (м) | ['bɔj] |

ataque (m)	атака (ж)	[a'taka]
assalto (m)	штурм (м)	['ʃturm]
assaltar (vt)	штурмаваць	[ʃturma'vatsʲ]
assédio, sítio (m)	аблога (ж)	[ab'lɔɦa]

| ofensiva (f) | наступ (м) | ['nastup] |
| passar à ofensiva | наступаць | [nastu'patsʲ] |

| retirada (f) | адступленне (н) | [atstup'lenne] |
| retirar-se (vr) | адступаць | [atstu'patsʲ] |

| cerco (m) | акружэнне (н) | [akru'ʒɛnne] |
| cercar (vt) | акружаць | [akru'ʒatsʲ] |

bombardeio (m)	бамбёжка (ж)	[bam'bʲɔʃka]
lançar uma bomba	скінуць бомбу	['skinutsʲ 'bɔmbu]
bombardear (vt)	бамбіць	[bam'bitsʲ]
explosão (f)	выбух (м)	['vɨbuh]

tiro (m)	стрэл (м)	['strɛl]
disparar um tiro	стрэліць	['strɛlitsʲ]
tiroteio (m)	стральба (ж)	[stralʲ'ba]

| apontar para ... | цэліцца | ['tsɛlitsa] |
| apontar (vt) | навесці | [na'vesʲtsi] |

acertar (vt)	трапіць	['trapitsʲ]
afundar (um navio)	патапіць	[pata'pitsʲ]
brecha (f)	прабоіна (ж)	[pra'bɔina]
afundar-se (vr)	ісці на дно	[is'tsi na 'dnɔ]
frente (m)	фронт (м)	['frɔnt]
evacuação (f)	эвакуацыя (ж)	[ɛvaku'atsʲia]
evacuar (vt)	эвакуіраваць	[ɛvaku'iravatsʲ]
trincheira (f)	акоп (м), траншэя (ж)	[a'kɔp], [tran'ʃɛʲa]
arame (m) farpado	калючы дрот (м)	[ka'lʉtʃi 'drɔt]
obstáculo (m) anticarro	загарода (ж)	[zaɦa'rɔda]
torre (f) de vigia	вышка (ж)	['viʃka]
hospital (m)	шпіталь (м)	[ʃpi'talʲ]
ferir (vt)	раніць	['ranitsʲ]
ferida (f)	рана (ж)	['rana]
ferido (m)	паранены (м)	[pa'raneni]
ficar ferido	атрымаць раненне	[atri'matsʲ ra'nenne]
grave (ferida ~)	цяжкі	['tsʲaʃki]

113. Guerra. Ações militares. Parte 2

cativeiro (m)	палон (м)	[pa'lɔn]
capturar (vt)	узяць у палон	[u'zʲatsʲ u pa'lɔn]
estar em cativeiro	быць у палоне	['bitsʲ u pa'lɔne]
ser aprisionado	трапіць у палон	['trapitsʲ u pa'lɔn]
campo (m) de concentração	канцлагер (м)	[kants'laɦer]
prisioneiro (m) de guerra	палонны (м)	[pa'lɔnni]
escapar (vi)	уцячы	[utsʲa'tʃi]
trair (vt)	здрадзіць	['zdradzitsʲ]
traidor (m)	здраднік (м)	['zdradnik]
traição (f)	здрада (ж)	['zdrada]
fuzilar, executar (vt)	расстраляць	[rastra'lʲatsʲ]
fuzilamento (m)	расстрэл (м)	[ras'trɛl]
equipamento (m)	абмундзіраванне (н)	[abmundzira'vanne]
platina (f)	пагон (м)	[pa'ɦɔn]
máscara (f) antigás	процівагаз (м)	[prɔtsiva'ɦas]
rádio (m)	рацыя (ж)	['ratsʲia]
cifra (f), código (m)	шыфр (м)	['ʃifr]
conspiração (f)	канспірацыя (ж)	[kanspi'ratsʲia]
senha (f)	пароль (м)	[pa'rɔlʲ]
mina (f)	міна (ж)	['mina]
minar (vt)	замініраваць	[zami'niravatsʲ]
campo (m) minado	міннае поле (н)	[minnae 'pɔle]
alarme (m) aéreo	паветраная трывога (ж)	[pa'vetranaʲa tri'vɔɦa]
alarme (m)	трывога (ж)	[tri'vɔɦa]

sinal (m)	сігнал (м)	[siɦ'nal]
sinalizador (m)	сігнальная ракета (ж)	[siɦ'nalʲnaʲa ra'keta]

estado-maior (m)	штаб (м)	['ʃtap]
reconhecimento (m)	разведка (ж)	[raz'vetka]
situação (f)	становішча (н)	[sta'nɔviʃca]
relatório (m)	рапарт (м)	['rapart]
emboscada (f)	засада (ж)	[za'sada]
reforço (m)	падмацаванне (н)	[padmatsa'vanne]

alvo (m)	мішэнь (ж)	[mi'ʃɛnʲ]
campo (m) de tiro	палігон (м)	[pali'ɦɔn]
manobras (f pl)	манеўры (м мн)	[ma'newri]

pânico (m)	паніка (ж)	['panika]
devastação (f)	развал (м)	[raz'val]
ruínas (f pl)	разбурэнні (н мн)	[razbu'rɛnni]
destruir (vt)	разбураць	[razbu'ratsʲ]

sobreviver (vi)	выжыць	['viʒitsʲ]
desarmar (vt)	абяззброіць	[abʲaz'zbrɔitsʲ]
manusear (vt)	абыходзіцца	[abi'hɔdzitsa]

Firmes!	Смірна!	['smirna]
Descansar!	Вольна!	['vɔlʲna]

façanha (f)	подзвіг (м)	['pɔdzʲviɦ]
juramento (m)	клятва (ж)	['klʲatva]
jurar (vi)	клясціся	['klʲastsisʲa]

condecoração (f)	узнагарода (ж)	[uznaɦa'rɔda]
condecorar (vt)	узнагароджваць	[uznaɦa'rɔdʒvatsʲ]
medalha (f)	медаль (м)	[me'dalʲ]
ordem (f)	ордэн (м)	['ɔrdɛn]

vitória (f)	перамога (ж)	[pera'mɔɦa]
derrota (f)	паражэнне (н)	[para'ʒɛnne]
armistício (m)	перамір'е (н)	[pera'mirʲe]

bandeira (f)	сцяг (м)	['stsʲaɦ]
glória (f)	слава (ж)	['slava]
desfile (m) militar	парад (м)	[pa'rat]
marchar (vi)	маршыраваць	[marʃira'vatsʲ]

114. Armas

arma (f)	зброя (ж)	['zbrɔʲa]
arma (f) de fogo	агнястрэльная зброя (ж)	[aɦnʲa'strɛlʲnaʲa 'zbrɔʲa]
arma (f) branca	халодная зброя (ж)	[ha'lɔdnaʲa 'zbrɔʲa]

arma (f) química	хімічная зброя (ж)	[hi'mitʃnaʲa 'zbrɔʲa]
nuclear	ядзерны	['ʲadzerni]
arma (f) nuclear	ядзерная зброя (ж)	['ʲadzernaʲa 'zbrɔʲa]
bomba (f)	бомба (ж)	['bɔmba]

bomba (f) atómica	атамная бомба (ж)	[atamnaʲa 'bɔmba]
pistola (f)	пісталет (м)	[pista'let]
caçadeira (f)	стрэльба (ж)	['strɛlʲba]
pistola-metralhadora (f)	аўтамат (м)	[awta'mat]
metralhadora (f)	кулямёт (м)	[kulʲa'mʲot]
boca (f)	руля (ж)	['rulʲa]
cano (m)	ствол (м)	['stvɔl]
calibre (m)	калібр (м)	[ka'libr]
gatilho (m)	курок (м)	[ku'rɔk]
mira (f)	прыцэл (м)	[prɨ'tsɛl]
carregador (m)	магазін (м)	[maɦa'zin]
coronha (f)	прыклад (м)	[prik'lat]
granada (f) de mão	граната (ж)	[ɦra'nata]
explosivo (m)	узрыўчатка (ж)	[uzrɨw'tʃatka]
bala (f)	куля (ж)	['kulʲa]
cartucho (m)	патрон (м)	[pat'rɔn]
carga (f)	зарад (м)	[za'rat]
munições (f pl)	боепрыпасы (мн)	[bɔepri'pasɨ]
bombardeiro (m)	бамбардзіроўшчык (м)	[bambardzi'rowʃɕik]
avião (m) de caça	знішчальнік (м)	[zʲni'ʃɕalʲnik]
helicóptero (m)	верталёт (м)	[verta'lʲot]
canhão (m) antiaéreo	зенітка (ж)	[ze'nitka]
tanque (m)	танк (м)	['tank]
canhão (de um tanque)	пушка (ж)	['puʃka]
artilharia (f)	артылерыя (ж)	[artɨ'lerɨʲa]
canhão (m)	гармата (ж)	[ɦar'mata]
fazer a pontaria	навесці	[na'vesʲtsi]
obus (m)	снарад (м)	[sna'rat]
granada (f) de morteiro	міна (ж)	['mina]
morteiro (m)	мінамёт (м)	[mina'mʲot]
estilhaço (m)	асколак (м)	[as'kɔlak]
submarino (m)	падводная лодка (ж)	[pad'vɔdnaʲa 'lɔtka]
torpedo (m)	тарпеда (ж)	[tar'peda]
míssil (m)	ракета (ж)	[ra'keta]
carregar (uma arma)	зараджаць	[zara'dʒatsʲ]
atirar, disparar (vi)	страляць	[stra'lʲatsʲ]
apontar para ...	цэліцца	['tsɛlitsa]
baioneta (f)	штык (м)	['ʃtɨk]
espada (f)	шпага (ж)	['ʃpaɦa]
sabre (m)	шабля (ж)	['ʃablʲa]
lança (f)	дзіда (ж)	['dzida]
arco (m)	лук (м)	['luk]
flecha (f)	страла (ж)	[stra'la]
mosquete (m)	мушкет (м)	[muʃ'ket]
besta (f)	арбалет (м)	[arba'let]

115. Povos da antiguidade

primitivo	першабытны	[perʃaˈbitni]
pré-histórico	дагістарычны	[dahistaˈritʃni]
antigo	старажытны	[staraˈʒɨtni]
Idade (f) da Pedra	Каменны век (м)	[kaˈmennɨ ˈvek]
Idade (f) do Bronze	Бронзавы век (м)	[brɔnzavɨ ˈvek]
período (m) glacial	ледавіковы перыяд (м)	[ledaviˈkɔvɨ peˈrɨʲat]
tribo (f)	племя (н)	[ˈplemʲa]
canibal (m)	людаед (м)	[lʉdaˈet]
caçador (m)	паляўнічы (м)	[palʲawˈnitʃi]
caçar (vi)	паляваць	[palʲaˈvatsʲ]
mamute (m)	мамант (м)	[ˈmamant]
caverna (f)	пячора (ж)	[pʲaˈtʃɔra]
fogo (m)	агонь (м)	[aˈhɔnʲ]
fogueira (f)	вогнішча (н)	[ˈvɔhniʃca]
pintura (f) rupestre	наскальны малюнак (м)	[naˈskalʲnɨ maˈlʉnak]
ferramenta (f)	прылада (ж) працы	[priˈlada ˈpratsɨ]
lança (f)	дзіда (ж)	[ˈdzida]
machado (m) de pedra	каменная сякера (ж)	[kaˈmennaʲa sʲaˈkera]
guerrear (vt)	ваяваць	[vaʲaˈvatsʲ]
domesticar (vt)	прыручаць	[priruˈtʃatsʲ]
ídolo (m)	ідал (м)	[ˈidal]
adorar, venerar (vt)	пакланяцца	[paklaˈnʲatsa]
superstição (f)	забабоны (мн)	[zabaˈbɔnɨ]
ritual (m)	абрад, рытуал (м)	[abˈrat], [rituˈal]
evolução (f)	эвалюцыя (ж)	[ɛvaˈlʉtsɨʲa]
desenvolvimento (m)	развіццё (н)	[razʲviˈtsʲo]
desaparecimento (m)	знікненне (н)	[zʲnikˈnenne]
adaptar-se (vr)	прыстасоўвацца	[pristaˈsɔwvatsa]
arqueologia (f)	археалогія (ж)	[arheaˈlɔhiʲa]
arqueólogo (m)	археолаг (м)	[arheˈɔlah]
arqueológico	археалагічны	[arhealaˈhitʃni]
local (m) das escavações	раскопкі (ж мн)	[rasˈkɔpki]
escavações (f pl)	раскопкі (ж мн)	[rasˈkɔpki]
achado (m)	знаходка (ж)	[znaˈhɔtka]
fragmento (m)	фрагмент (м)	[frahˈment]

116. Idade média

povo (m)	народ (м)	[naˈrɔt]
povos (m pl)	народы (м мн)	[naˈrɔdɨ]
tribo (f)	племя (н)	[ˈplemʲa]
tribos (f pl)	плямёны (н мн)	[plʲaˈmʲɔnɨ]
bárbaros (m pl)	варвары (м мн)	[ˈvarvarɨ]

gauleses (m pl)	галы (м мн)	['ɦalʲi]
godos (m pl)	готы (м мн)	['ɦɔtʲi]
eslavos (m pl)	славяне (м мн)	[slaˈvʲane]
víquingues (m pl)	вікінгі (м мн)	[ˈvikinɦi]
romanos (m pl)	рымляне (м мн)	[ˈrimlʲane]
romano	рымскі	[ˈrimski]
bizantinos (m pl)	візантыйцы (м мн)	[vizanˈtijtsi]
Bizâncio	Візантыя (ж)	[vizanˈtʲɪ̯a]
bizantino	візантыйскі	[vizanˈtijski]
imperador (m)	імператар (м)	[impeˈratar]
líder (m)	правадыр (м)	[pravaˈdir]
poderoso	магутны	[maˈɦutnʲi]
rei (m)	кароль (м)	[kaˈrɔlʲ]
governante (m)	кіраўнік (м)	[kirawˈnik]
cavaleiro (m)	рыцар (м)	[ˈritsar]
senhor feudal (m)	феадал (м)	[feaˈdal]
feudal	феадальны	[feaˈdalʲnʲi]
vassalo (m)	васал (м)	[vaˈsal]
duque (m)	герцаг (м)	[ˈɦertsaɦ]
conde (m)	граф (м)	[ˈɦraf]
barão (m)	барон (м)	[baˈrɔn]
bispo (m)	епіскап (м)	[eˈpiskap]
armadura (f)	даспехі (м мн)	[dasˈpehi]
escudo (m)	шчыт (м)	[ˈʃɕit]
espada (f)	меч (м)	[ˈmetʃ]
viseira (f)	забрала (н)	[zaˈbrala]
cota (f) de malha	кальчуга (ж)	[kalʲˈtʃuɦa]
cruzada (f)	крыжовы паход (м)	[krɨˈʒɔvɨ paˈɦɔt]
cruzado (m)	крыжак (м)	[krɨˈʒak]
território (m)	тэрыторыя (ж)	[tɛriˈtɔrʲɪ̯a]
atacar (vt)	нападаць	[napaˈdatsʲ]
conquistar (vt)	заваяваць	[zavaʲaˈvatsʲ]
ocupar, invadir (vt)	захапіць	[zaɦaˈpitsʲ]
assédio, sítio (m)	аблога (ж)	[abˈlɔɦa]
sitiado	абложаны	[abˈlɔʒani]
assediar, sitiar (vt)	абложваць	[abˈlɔʒvatsʲ]
inquisição (f)	інквізіцыя (ж)	[inkviˈzitsʲɪ̯a]
inquisidor (m)	інквізітар (м)	[inkviˈzitar]
tortura (f)	катаванне (н)	[kataˈvanne]
cruel	жорсткі	[ˈʒɔrstki]
herege (m)	ерэтык (м)	[erɛˈtik]
heresia (f)	ерась (ж)	[ˈerasʲ]
navegação (f) marítima	мараплаўства (н)	[maraˈplawstva]
pirata (m)	пірат (м)	[piˈrat]
pirataria (f)	пірацтва (н)	[piˈratstva]

abordagem (f)	абардаж (м)	[abar'daʃ]
presa (f), butim (m)	здабыча (ж)	[zda'bitʃa]
tesouros (m pl)	скарбы (м мн)	['skarbi]

descobrimento (m)	адкрыццё (н)	[atkri'tsʲo]
descobrir (novas terras)	адкрыць	[atk'ritsʲ]
expedição (f)	экспедыцыя (ж)	[ɛkspe'ditsʲi̯a]

mosqueteiro (m)	мушкецёр (м)	[muʃke'tsʲor]
cardeal (m)	кардынал (м)	[kardɨ'nal]
heráldica (f)	геральдыка (ж)	[ɦe'ralʲdɨka]
heráldico	геральдычны	[ɦeralʲ'dɨtʃnɨ]

117. Líder. Chefe. Autoridades

rei (m)	кароль (м)	[ka'rolʲ]
rainha (f)	каралева (ж)	[kara'leva]
real	каралеўскі	[kara'lewski]
reino (m)	каралеўства (н)	[kara'lewstva]

| príncipe (m) | прынц (м) | ['prints] |
| princesa (f) | прынцэса (ж) | [prin'tsɛsa] |

presidente (m)	прэзідэнт (м)	[prɛzi'dɛnt]
vice-presidente (m)	віцэ-прэзідэнт (м)	['vitsɛ prɛzi'dɛnt]
senador (m)	сенатар (м)	[se'natar]

monarca (m)	манарх (м)	[ma'narh]
governante (m)	кіраўнік (м)	[kiraw'nik]
ditador (m)	дыктатар (м)	[dik'tatar]
tirano (m)	тыран (м)	[tɨ'ran]
magnata (m)	магнат (м)	[maɦ'nat]

diretor (m)	дырэктар (м)	[di'rɛktar]
chefe (m)	шэф (м)	['ʃɛf]
dirigente (m)	загадчык (м)	[za'ɦatʃik]
patrão (m)	бос (м)	['bɔs]
dono (m)	гаспадар (м)	[ɦaspa'dar]

líder, chefe (m)	правадыр, лідэр (м)	[prava'dɨr], ['lidɛr]
chefe (~ de delegação)	галава (ж)	[ɦala'va]
autoridades (f pl)	улады (ж мн)	[u'ladɨ]
superiores (m pl)	начальства (н)	[na'tʃalʲstva]

governador (m)	губернатар (м)	[ɦuber'natar]
cônsul (m)	консул (м)	['kɔnsul]
diplomata (m)	дыпламат (м)	[dipla'mat]
Presidente (m) da Câmara	мэр (м)	['mɛr]
xerife (m)	шэрыф (м)	[ʃɛ'rɨf]

imperador (m)	імператар (м)	[impe'ratar]
czar (m)	цар (м)	['tsar]
faraó (m)	фараон (м)	[fara'ɔn]
cã (m)	хан (м)	['han]

118. Viloação da lei. Criminosos. Parte 1

bandido (m)	бандыт (м)	[ban'dit]
crime (m)	злачынства (н)	[zla'tʃinstva]
criminoso (m)	злачынец (м)	[zlaˈtʃinets]

ladrão (m)	злодзей (м)	['zlɔdzej]
roubar (vt)	красці	['krasʲtsi]
furto, roubo (m)	крадзеж (м)	[kra'dzeʃ]

raptar (ex. ~ uma criança)	выкрасці	['vikrasʲtsi]
rapto (m)	выкраданне (н)	[vikra'danne]
raptor (m)	выкрадальнік (м)	[vikra'dalʲnik]

resgate (m)	выкуп (м)	['vikup]
pedir resgate	патрабаваць выкуп	[patraba'vatsʲ 'vikup]

roubar (vt)	рабаваць	[raba'vatsʲ]
assalto, roubo (m)	абрабаванне (н)	[abraba'vanne]
assaltante (m)	рабаўнік (м)	[rabaw'nik]

extorquir (vt)	вымагаць	[vima'ɦatsʲ]
extorsionário (m)	вымагальнік (м)	[vima'ɦalʲnik]
extorsão (f)	вымагальніцтва (н)	[vima'ɦalʲnitstva]

matar, assassinar (vt)	забіць	[za'bitsʲ]
homicídio (m)	забойства (н)	[za'bɔjstva]
homicida, assassino (m)	забойца (м)	[za'bɔjtsa]

tiro (m)	стрэл (м)	['strɛl]
dar um tiro	стрэліць	['strɛlitsʲ]
matar a tiro	застрэліць	[za'strɛlitsʲ]
atirar, disparar (vi)	страляць	[straˈlʲatsʲ]
tiroteio (m)	стральба (ж)	[stralʲ'ba]

incidente (m)	здарэнне (н)	[zda'rɛnne]
briga (~ de rua)	бойка (ж)	['bɔjka]
Socorro!	Дапамажыце! Ратуйце!	[dapama'ʒitse!], [ra'tujtse!]
vítima (f)	ахвяра (ж)	[ah'vʲara]

danificar (vt)	пашкодзіць	[paʃ'kɔdzitsʲ]
dano (m)	шкода (ж)	['ʃkɔda]
cadáver (m)	труп (м)	['trup]
grave	цяжкі	['tsʲaʃki]

atacar (vt)	нападаць	[napa'datsʲ]
bater (espancar)	біць	['bitsʲ]
espancar (vt)	збіць	['zʲbitsʲ]
tirar, roubar (dinheiro)	адабраць	[ada'bratsʲ]
esfaquear (vt)	зарэзаць	[za'rɛzatsʲ]
mutilar (vt)	знявечыць	[znʲa'vetʃitsʲ]
ferir (vt)	раніць	['ranitsʲ]

chantagem (f)	шантаж (м)	[ʃan'taʃ]
chantagear (vt)	шантажыраваць	[ʃanta'ʒiravatsʲ]

chantagista (m)	шантажыст (м)	[ʃanta'ʒist]
extorsão	рэкет (м)	['rɛket]
(em troca de proteção)		
extorsionário (m)	рэкецір (м)	[rɛke'tsir]
gângster (m)	гангстэр (м)	['ɦanɦstɛr]
máfia (f)	мафія (ж)	['mafiʲa]

carteirista (m)	кішэнны зладзюжка (м)	[ki'ʃɛnnɨ zla'dzʉʃka]
assaltante, ladrão (m)	узломшчык (м)	[uz'lɔmʃɕik]
contrabando (m)	кантрабанда (ж)	[kantra'banda]
contrabandista (m)	кантрабандыст (м)	[kantraban'dist]

falsificação (f)	падробка (ж)	[pad'rɔpka]
falsificar (vt)	падрабляць	[padrab'lʲatsʲ]
falsificado	фальшывы	[falʲ'ʃivɨ]

119. Viloação da lei. Criminosos. Parte 2

violação (f)	згвалтаванне (н)	[zɦvalta'vanne]
violar (vt)	згвалтаваць	[zɦvalta'vatsʲ]
violador (m)	гвалтаўнік (м)	[ɦvaltaw'nik]
maníaco (m)	маньяк (м)	[ma'nʲak]

prostituta (f)	прастытутка (ж)	[prasti'tutka]
prostituição (f)	прастытуцыя (ж)	[prasti'tutsʲʲa]
chulo (m)	сутэнёр (м)	[sutɛ'nʲor]

toxicodependente (m)	наркаман (м)	[narka'man]
traficante (m)	наркагандляр (м)	[narkaɦand'lʲar]

explodir (vt)	узарваць	[uzar'vatsʲ]
explosão (f)	выбух (м)	['vibuh]
incendiar (vt)	падпаліць	[patpa'litsʲ]
incendiário (m)	падпальшчык (м)	[pat'palʲʃɕik]

terrorismo (m)	тэрарызм (м)	[tɛra'rizm]
terrorista (m)	тэрарыст (м)	[tɛra'rist]
refém (m)	заложнік (м)	[za'lɔʒnik]

enganar (vt)	падмануць	[padma'nutsʲ]
engano (m)	падман (м)	[pad'man]
vigarista (m)	махляр (м)	[mah'lʲar]

subornar (vt)	падкупіць	[patku'pitsʲ]
suborno (atividade)	подкуп (м)	['pɔtkup]
suborno (dinheiro)	хабар (м)	['habar]

veneno (m)	яд (м)	[ʲat]
envenenar (vt)	атруціць	[atru'tsitsʲ]
envenenar-se (vr)	атруціцца	[atru'tsitsa]

suicídio (m)	самазабойства (н)	[samaza'bɔjstva]
suicida (m)	самазабойца (м)	[samaza'bɔjtsa]
ameaçar (vt)	пагражаць	[paɦra'ʒatsʲ]

ameaça (f)	пагроза (ж)	[pa'ɦrɔza]
atentar contra a vida de ...	замахвацца	[za'mahvatsa]
atentado (m)	замах (м)	[za'mah]
roubar (o carro)	скрасці	['skrasʲtsi]
desviar (o avião)	выкрасці	['vɨkrasʲtsi]
vingança (f)	помста (ж)	['pɔmsta]
vingar (vt)	помсціць	['pɔmsʲtsitsʲ]
torturar (vt)	катаваць	[kata'vatsʲ]
tortura (f)	катаванне (н)	[kata'vanne]
atormentar (vt)	мучыць	['mutʃitsʲ]
pirata (m)	пірат (м)	[pi'rat]
desordeiro (m)	хуліган (м)	[huli'ɦan]
armado	узброены	[uzb'rɔeni]
violência (f)	гвалт (м)	['ɦvalt]
ilegal	нелегальны	[nele'ɦalni]
espionagem (f)	шпіянаж (м)	[ʃpiʲa'naʃ]
espionar (vi)	шпіёніць	['ʃpiʲonitsʲ]

120. Polícia. Lei. Parte 1

justiça (f)	правасуддзе (н)	[prava'sudze]
tribunal (m)	суд (м)	['sut]
juiz (m)	суддзя (м)	[su'dzʲa]
jurados (m pl)	прысяжныя (м мн)	[pri'sʲaʒniʲa]
tribunal (m) do júri	суд (м) прысяжных	['sut pri'sʲaʒnih]
julgar (vt)	судзіць	[su'dzitsʲ]
advogado (m)	адвакат (м)	[adva'kat]
réu (m)	падсудны (м)	[pa'tsudni]
banco (m) dos réus	лава (ж) падсудных	['lava pa'tsudnih]
acusação (f)	абвінавачванне (н)	[abvina'vatʃvanne]
acusado (m)	абвінавачваны (м)	[abvina'vatʃvani]
sentença (f)	прысуд (м)	[pri'sut]
sentenciar (vt)	прысудзіць	[prisu'dzitsʲ]
culpado (m)	віноўнік (м)	[wi'nɔwnik]
punir (vt)	пакараць	[paka'ratsʲ]
punição (f)	пакаранне (н)	[paka'ranne]
multa (f)	штраф (м)	['ʃtraf]
prisão (f) perpétua	пажыццёвае зняволенне (н)	[paʒi'tsʲovae znʲa'volenne]
pena (f) de morte	смяротная кара (ж)	[smʲa'rotnaʲa 'kara]
cadeira (f) elétrica	электрычнае крэсла (н)	[ɛlektʲritʃnae 'krɛsla]
forca (f)	шыбеніца (ж)	['ʃibenitsa]
executar (vt)	караць смерцю	[ka'ratsʲ 'smertsʉ]

execução (f)	смяротная кара (ж)	[smʲa'rɔtnaʲa 'kara]
prisão (f)	турма (ж)	[tur'ma]
cela (f) de prisão	камера (ж)	['kamera]
escolta (f)	канвой (м)	[kan'vɔj]
guarda (m) prisional	наглядчык (м)	[na'ɦlʲatʃʲik]
preso (m)	зняволены (м)	[znʲa'vɔlenɨ]
algemas (f pl)	наручнікі (м мн)	[na'rutʃniki]
algemar (vt)	надзець наручнікі	[na'dzetsʲ na'rutʃniki]
fuga, evasão (f)	уцёкі (мн)	[u'tsʲoki]
fugir (vi)	уцячы	[utsʲa'tʃʲi]
desaparecer (vi)	прапасці	[pra'pasʲtsi]
soltar, libertar (vt)	вызваліць	['vizvalitsʲ]
amnistia (f)	амністыя (ж)	[am'nistiʲa]
polícia (instituição)	паліцыя (ж)	[pa'litsʲiʲa]
polícia (m)	паліцэйскі (м)	[pali'tsɛjski]
esquadra (f) de polícia	паліцэйскі ўчастак (м)	[pali'tsɛjski w'tʃastak]
cassetete (m)	гумовая дубінка (ж)	[ɦu'mɔvaʲa du'binka]
megafone (m)	рупар (м)	['rupar]
carro (m) de patrulha	патрульная машына (ж)	[pat'rulʲnaʲa ma'ʃɨna]
sirene (f)	сірэна (ж)	[si'rɛna]
ligar a sirene	уключыць сірэну	[uklʲu'tʃʲitsʲ si'rɛnu]
toque (m) da sirene	выццё (н) (сірэны)	[vɨ'tsʲo si'rɛnɨ]
cena (f) do crime	месца (н) здарэння	['mesʲtsa zda'rɛnnʲa]
testemunha (f)	сведка (м)	['svetka]
liberdade (f)	воля (ж)	['vɔlʲa]
cúmplice (m)	супольнік (м)	[su'pɔlʲnik]
escapar (vi)	схавацца	[sha'vatsa]
traço (não deixar ~s)	след (м)	['slet]

121. Polícia. Lei. Parte 2

procura (f)	вышук (м)	['vɨʃuk]
procurar (vt)	шукаць	[ʃu'katsʲ]
suspeita (f)	падазрэнне (н)	[pada'zrɛnne]
suspeito	падазроны	[pada'zrɔnɨ]
parar (vt)	спыніць	[spɨ'nitsʲ]
deter (vt)	затрымаць	[zatri'matsʲ]
caso (criminal)	справа (ж)	['sprava]
investigação (f)	следства (н)	['sletstva]
detetive (m)	сышчык (м)	['sɨʃɕik]
investigador (m)	следчы (м)	['sletʃʲi]
versão (f)	версія (ж)	['versiʲa]
motivo (m)	матыў (м)	[ma'tɨw]
interrogatório (m)	допыт (м)	['dɔpit]
interrogar (vt)	дапытваць	[da'pitvatsʲ]
questionar (vt)	апытваць	[a'pitvatsʲ]

verificação (f)	праверка (ж)	[pra'verka]
batida (f) policial	аблава (ж)	[ab'lava]
busca (f)	вобыск (м)	['vɔbisk]
perseguição (f)	пагоня (ж)	[pa'hɔnʲa]
perseguir (vt)	пераследаваць	[peras'ledavatsʲ]
seguir (vt)	сачыць	[sa'tʃitsʲ]
prisão (f)	арышт (м)	['ariʃt]
prender (vt)	арыштаваць	[ariʃta'vatsʲ]
pegar, capturar (vt)	злавіць	[zla'vitsʲ]
captura (f)	злаўленне (н)	[zlaw'lenne]
documento (m)	дакумент (м)	[daku'ment]
prova (f)	доказ (м)	['dɔkas]
provar (vt)	даказваць	[da'kazvatsʲ]
pegada (f)	след (м)	['slet]
impressões (f pl) digitais	адбіткі (м мн) пальцаў	[ad'bitki 'palʲtsaw]
prova (f)	даказка (ж)	[da'kaska]
álibi (m)	алібі (н)	['alibi]
inocente	невінаваты	[nevina'vati]
injustiça (f)	несправядлівасць (ж)	[nespravʲad'livastsʲ]
injusto	несправядлівы	[nespravʲad'livi]
criminal	крымінальны	[krimi'nalʲni]
confiscar (vt)	канфіскаваць	[kanfiska'vatsʲ]
droga (f)	наркотык (м)	[nar'kɔtik]
arma (f)	зброя (ж)	['zbrɔʲa]
desarmar (vt)	абяззброіць	[abʲaz'zbrɔitsʲ]
ordenar (vt)	загадваць	[za'hadvatsʲ]
desaparecer (vi)	знікнуць	['zʲniknutsʲ]
lei (f)	закон (м)	[za'kɔn]
legal	законны	[za'kɔnni]
ilegal	незаконны	[neza'kɔnni]
responsabilidade (f)	адказнасць (ж)	[at'kaznastsʲ]
responsável	адказны	[at'kazni]

NATUREZA

A Terra. Parte 1

122. Espaço sideral

cosmos (m)	космас (м)	['kɔsmas]
cósmico	касмічны	[kas'mitʃni]
espaço (m) cósmico	касмічная прастора (ж)	[kas'mitʃnaʲa pras'tɔra]
mundo (m)	свет (м)	['svet]
universo (m)	сусвет (м)	[sus'vet]
galáxia (f)	галактыка (ж)	[ɦa'laktika]
estrela (f)	зорка (ж)	['zɔrka]
constelação (f)	сузор'е (н)	[su'zɔrʲe]
planeta (m)	планета (ж)	[pla'neta]
satélite (m)	спадарожнік (м)	[spada'rɔʒnik]
meteorito (m)	метэарыт (м)	[metɛa'rit]
cometa (m)	камета (ж)	[ka'meta]
asteroide (m)	астэроід (м)	[astɛ'rɔit]
órbita (f)	арбіта (ж)	[ar'bita]
girar (vi)	круціцца	[kru'tsitsa]
atmosfera (f)	атмасфера (ж)	[atma'sfera]
Sol (m)	Сонца (н)	['sɔntsa]
Sistema (m) Solar	Сонечная сістэма (ж)	['sɔnetʃnaʲa sis'tɛma]
eclipse (m) solar	сонечнае зацьменне (н)	['sɔnetʃnae zatsʲ'menne]
Terra (f)	Зямля (ж)	[zʲam'lʲa]
Lua (f)	Месяц (м)	['mesʲats]
Marte (m)	Марс (м)	['mars]
Vénus (f)	Венера (ж)	[ve'nera]
Júpiter (m)	Юпітэр (м)	[ʉ'pitɛr]
Saturno (m)	Сатурн (м)	[sa'turn]
Mercúrio (m)	Меркурый (м)	[mer'kurij]
Urano (m)	Уран (м)	[u'ran]
Neptuno (m)	Нептун (м)	[nep'tun]
Plutão (m)	Плутон (м)	[plu'tɔn]
Via Láctea (f)	Млечны Шлях (м)	['mletʃni ʃlʲah]
Ursa Maior (f)	Вялікая Мядзведзіца (ж)	[vʲa'likaʲa mʲadzʲ'vedzitsa]
Estrela Polar (f)	Палярная зорка (ж)	[pa'lʲarnaʲa 'zɔrka]
marciano (m)	марсіянін (м)	[marsiʲanin]
extraterrestre (m)	іншапланецянін (м)	[inʃaplane'tsʲanin]

alienígena (m)	прышэлец (м)	[pri'ʃɛlets]
disco (m) voador	лятаючая талерка (ж)	[lʲa'taʉtʃaʲa ta'lerka]

nave (f) espacial	касмічны карабель (м)	[kas'mitʃnɨ kara'belʲ]
estação (f) orbital	арбітальная станцыя (ж)	[arbi'talʲnaʲa 'stantsʲia]
lançamento (m)	старт (м)	['start]

motor (m)	рухавік (м)	[ruha'vik]
bocal (m)	сапло (н)	[sap'lɔ]
combustível (m)	паліва (н)	['paliva]

cabine (f)	кабіна (ж)	[ka'bina]
antena (f)	антэна (ж)	[an'tɛna]
vigia (f)	ілюмінатар (м)	[ilʉmi'natar]
bateria (f) solar	сонечная батарэя (ж)	['sɔnetʃnaʲa bata'rɛʲa]
traje (m) espacial	скафандр (м)	[ska'fandr]

imponderabilidade (f)	бязважкасць (ж)	[bʲaz'vaʃkastsʲ]
oxigénio (m)	кісларод (м)	[kisla'rɔt]

acoplagem (f)	стыкоўка (ж)	[stɨ'kɔwka]
fazer uma acoplagem	выконваць стыкоўку	[vɨ'kɔnvatsʲ stɨ'kɔwku]

observatório (m)	абсерваторыя (ж)	[apserva'tɔrɨʲa]
telescópio (m)	тэлескоп (м)	[tɛle'skɔp]
observar (vt)	назіраць	[nazi'ratsʲ]
explorar (vt)	даследаваць	[da'sledavatsʲ]

123. A Terra

Terra (f)	Зямля (ж)	[zʲam'lʲa]
globo terrestre (Terra)	зямны шар (м)	[zʲam'nɨ 'ʃar]
planeta (m)	планета (ж)	[pla'neta]

atmosfera (f)	атмасфера (ж)	[atma'sfera]
geografia (f)	геаграфія (ж)	[hea'ɦrafiʲa]
natureza (f)	прырода (ж)	[prɨ'rɔda]

globo (mapa esférico)	глобус (м)	['ɦlɔbus]
mapa (m)	карта (ж)	['karta]
atlas (m)	атлас (м)	[at'las]

Europa (f)	Еўропа	[ew'rɔpa]
Ásia (f)	Азія	['aziʲa]

África (f)	Афрыка	['afrɨka]
Austrália (f)	Аўстралія	[aw'straliʲa]

América (f)	Амерыка	[a'merɨka]
América (f) do Norte	Паўночная Амерыка	[paw'nɔtʃnaʲa a'merɨka]
América (f) do Sul	Паўднёвая Амерыка	[paw'dnʲovaʲa a'merɨka]

Antártida (f)	Антарктыда	[antark'tɨda]
Ártico (m)	Арктыка	['arktɨka]

124. Pontos cardeais

norte (m)	поўнач (ж)	['pɔwnatʃ]
para norte	на поўнач	[na 'pɔwnatʃ]
no norte	на поўначы	[na 'pɔwnatʃi]
do norte	паўночны	[paw'nɔtʃni]

sul (m)	поўдзень (m)	['pɔwdzenʲ]
para sul	на поўдзень	[na 'pɔwdzenʲ]
no sul	на поўдні	[na 'pɔwdni]
do sul	паўднёвы	[paw'dnʲovi]

oeste, ocidente (m)	захад (м)	['zahat]
para oeste	на захад	[na 'zahat]
no oeste	на захадзе	[na 'zahadze]
ocidental	заходні	[za'hɔdni]

leste, oriente (m)	усход (м)	[w'shɔt]
para leste	на ўсход	[na w'shɔt]
no leste	на ўсходзе	[na w'shɔdze]
oriental	усходні	[us'hɔdni]

125. Mar. Oceano

mar (m)	мора (н)	['mɔra]
oceano (m)	акіян (м)	[aki'ʲan]
golfo (m)	заліў (м)	[za'liw]
estreito (m)	праліў (м)	[pra'liw]

terra (f) firme	зямля, суша (ж)	[zʲam'lʲa], ['suʃa]
continente (m)	мацярык (м)	[matsʲa'rik]
ilha (f)	востраў (м)	['vɔstraw]
península (f)	паўвостраў (м)	[paw'vɔstraw]
arquipélago (m)	архіпелаг (м)	[arhipe'laɦ]

baía (f)	бухта (ж)	['buhta]
porto (m)	гавань (ж)	['ɦavanʲ]
lagoa (f)	лагуна (ж)	[la'ɦuna]
cabo (m)	мыс (м)	['mis]

atol (m)	атол (м)	[a'tɔl]
recife (m)	рыф (м)	['rif]
coral (m)	карал (м)	[ka'ral]
recife (m) de coral	каралавы рыф (м)	[ka'ralavi 'rif]

profundo	глыбокі	[ɦli'bɔki]
profundidade (f)	глыбіня (ж)	[ɦlibi'nʲa]
abismo (m)	бездань (ж)	['bezdanʲ]
fossa (f) oceânica	упадзіна (ж)	[u'padzina]

corrente (f)	плынь (ж)	['plinʲ]
banhar (vt)	абмываць	[abmi'vatsʲ]
litoral (m)	бераг (м)	['beraɦ]

costa (f)	узбярэжжа (н)	[uzbʲa'rɛʐa]
maré (f) alta	прылiў (м)	[pri'liw]
refluxo (m), maré (f) baixa	адлiў (м)	[ad'liw]
restinga (f)	водмель (ж)	['vɔdmelʲ]
fundo (m)	дно (н)	['dnɔ]

onda (f)	хваля (ж)	['hvalʲa]
crista (f) da onda	грэбень (м) хвалi	[hrɛbenʲ 'hvali]
espuma (f)	пена (ж)	['pena]

tempestade (f)	бура (ж)	['bura]
furacão (m)	ураган (м)	[ura'ɦan]
tsunami (m)	цунамi (н)	[tsu'nami]
calmaria (f)	штыль (м)	['ʃtilʲ]
calmo	спакойны	[spa'kɔjni]

polo (m)	полюс (м)	['pɔlʉs]
polar	палярны	[pa'lʲarni]

latitude (f)	шырата (ж)	[ʃira'ta]
longitude (f)	даўгата (ж)	[dawɦa'ta]
paralela (f)	паралель (ж)	[para'lelʲ]
equador (m)	экватар (м)	[ɛk'vatar]

céu (m)	неба (н)	['neba]
horizonte (m)	гарызонт (м)	[ɦari'zɔnt]
ar (m)	паветра (н)	[pa'vetra]

farol (m)	маяк (м)	[ma'ʲak]
mergulhar (vi)	нырац	[ni'ratsʲ]
afundar-se (vr)	затануць	[zata'nutsʲ]
tesouros (m pl)	скарбы (м мн)	['skarbi]

126. Nomes de Mares e Oceanos

Oceano (m) Atlântico	Атлантычны акiян (м)	[atlan'titʃni aki'ʲan]
Oceano (m) Índico	Iндыйскi акiян (м)	[in'dijski aki'ʲan]
Oceano (m) Pacífico	Цixi акiян (м)	['tsihi aki'ʲan]
Oceano (m) Ártico	Паўночны Ледавiты акiян (м)	[paw'nɔtʃni leda'witi aki'ʲan]

Mar (m) Negro	Чорнае мора (н)	['tʃɔrnae 'mɔra]
Mar (m) Vermelho	Чырвонае мора (н)	[tʃir'vɔnae 'mɔra]
Mar (m) Amarelo	Жоўтае мора (н)	['ʒɔwtae 'mɔra]
Mar (m) Branco	Белае мора (н)	['belae 'mɔra]

Mar (m) Cáspio	Каспiйскае мора (н)	[kas'pijskae 'mɔra]
Mar (m) Morto	Мёртвае мора (н)	['mʲortvae 'mɔra]
Mar (m) Mediterrâneo	Мiжземнае мора (н)	[miʒ'zemnae 'mɔra]

Mar (m) Egeu	Эгейскае мора (н)	[ɛ'ɦejskae 'mɔra]
Mar (m) Adriático	Адрыятычнае мора (н)	[adriʲa'titʃnae 'mɔra]
Mar (m) Arábico	Аравiйскае мора (н)	[ara'vijskae 'mɔra]
Mar (m) do Japão	Японскае мора (н)	[ʲa'pɔnskae 'mɔra]

| Mar (m) de Bering | Берынгава мора (н) | ['berinɦava 'mɔra] |
| Mar (m) da China Meridional | Паўднёва-Кітайскае мора (н) | [paw'dnʲova ki'tajskae 'mɔra] |

Mar (m) de Coral	Каралавае мора (н)	[ka'ralavae 'mɔra]
Mar (m) de Tasman	Тасманава мора (н)	[tas'manava 'mɔra]
Mar (m) do Caribe	Карыбскае мора (н)	[ka'ripskae 'mɔra]

| Mar (m) de Barents | Баранцава мора (н) | ['barantsava 'mɔra] |
| Mar (m) de Kara | Карскае мора (н) | ['karskae 'mɔra] |

Mar (m) do Norte	Паўночнае мора (н)	[paw'nɔtʃnae 'mɔra]
Mar (m) Báltico	Балтыйскае мора (н)	[bal'tijskae 'mɔra]
Mar (m) da Noruega	Нарвежскае мора (н)	[nar'veʃskae 'mɔra]

127. Montanhas

montanha (f)	гара (ж)	[ɦa'ra]
cordilheira (f)	горны ланцуг (м)	['ɦornɨ lan'tsuɦ]
serra (f)	горны хрыбет (м)	['ɦornɨ hri'bet]

cume (m)	вяршыня (ж)	[vʲar'ʃinʲa]
pico (m)	пік (м)	['pik]
sopé (m)	падножжа (н)	[pad'nɔʐa]
declive (m)	схіл (м)	['shil]

vulcão (m)	вулкан (м)	[vul'kan]
vulcão (m) ativo	дзеючы вулкан (м)	['dzeʉtʃɨ vul'kan]
vulcão (m) extinto	патухлы вулкан (м)	[pa'tuhlɨ vul'kan]

erupção (f)	вывяржэнне (н)	[vivʲar'ʒɛnne]
cratera (f)	кратэр (м)	['kratɛr]
magma (m)	магма (ж)	['maɦma]
lava (f)	лава (ж)	['lava]
fundido (lava ~a)	распалены	[ras'palenɨ]

desfiladeiro (m)	каньён (м)	[ka'njɔn]
garganta (f)	цясніна (ж)	[tsʲas'nina]
fenda (f)	цясніна (ж)	[tsʲas'nina]
precipício (m)	прорва (ж), абрыў (м)	['prorva], [ab'riw]

passo, colo (m)	перавал (м)	[pera'val]
planalto (m)	плато (н)	[pla'tɔ]
falésia (f)	скала (ж)	[ska'la]
colina (f)	узгорак (м)	[uz'ɦɔrak]

glaciar (m)	ледавік (м)	[leda'vik]
queda (f) d'água	вадаспад (м)	[vada'spat]
géiser (m)	гейзер (м)	['ɦejzer]
lago (m)	возера (н)	['vɔzera]

planície (f)	раўніна (ж)	[raw'nina]
paisagem (f)	краявід (м)	[kraʲa'vit]
eco (m)	рэха (н)	['rɛha]

alpinista (m)	альпініст (м)	[alʲpi'nist]
escalador (m)	скалалаз (м)	[skala'las]
conquistar (vt)	авалодваць	[ava'lɔdvatsʲ]
subida, escalada (f)	узыходжанне (н)	[uzɨ'hɔdʒanne]

128. Nomes de montanhas

Alpes (m pl)	Альпы (мн)	['alʲpɨ]
monte Branco (m)	Манблан (м)	[man'blan]
Pirineus (m pl)	Пірэнеі (мн)	[pirɛ'nei]

Cárpatos (m pl)	Карпаты (мн)	[kar'patɨ]
montes (m pl) Urais	Уральскія горы (мн)	[u'ralʲskʲiʲa 'hɔrɨ]
Cáucaso (m)	Каўказ (м)	[kaw'kas]
Elbrus (m)	Эльбрус (м)	[ɛlʲ'brus]

Altai (m)	Алтай (м)	[al'taj]
Tian Shan (m)	Цянь-Шань (м)	[tsʲanj'ʃanʲ]
Pamir (m)	Памір (м)	[pa'mir]
Himalaias (m pl)	Гімалаі (мн)	[hima'lai]
monte (m) Everest	Эверэст (м)	[ɛve'rɛst]

| Cordilheira (f) dos Andes | Анды (мн) | ['andɨ] |
| Kilimanjaro (m) | Кіліманджара (н) | [kiliman'dʒara] |

129. Rios

rio (m)	рака (ж)	[ra'ka]
fonte, nascente (f)	крыніца (ж)	[krɨ'nitsa]
leito (m) do rio	рэчышча (н)	['rɛtʃɨʃca]
bacia (f)	басейн (м)	[ba'sejn]
desaguar no ...	упадаць у ...	[upa'datsʲ u ...]

| afluente (m) | прыток (м) | [prɨ'tɔk] |
| margem (do rio) | бераг (м) | ['berah] |

corrente (f)	плынь (ж)	['plinʲ]
rio abaixo	уніз па цячэнню	[u'nis pa tsʲa'tʃɛnnʉ]
rio acima	уверх па цячэнню	[u'vɛrh pa tsʲa'tʃɛnnʉ]

inundação (f)	паводка (ж)	[pa'vɔtka]
cheia (f)	разводдзе (н)	[raz'vɔdze]
transbordar (vi)	разлівацца	[razʲli'vatsa]
inundar (vt)	затапляць	[zata'plʲatsʲ]

| banco (m) de areia | мель (ж) | ['melʲ] |
| rápidos (m pl) | парог (м) | [pa'rɔh] |

barragem (f)	пляціна (ж)	[pla'tsina]
canal (m)	канал (м)	[ka'nal]
reservatório (m) de água	вадасховішча (н)	[vadas'hɔviʃca]
eclusa (f)	шлюз (м)	['ʃlʉs]

corpo (m) de água	вадаём (м)	[vada'ʲom]
pântano (m)	балота (н)	[ba'lɔta]
tremedal (m)	багна (ж)	['baɦna]
remoinho (m)	вір (м)	['vir]
arroio, regato (m)	ручай (м)	[ru'ʧaj]
potável	пітны	[pit'nʲi]
doce (água)	прэсны	['prɛsnʲi]
gelo (m)	лёд (м)	['lʲot]
congelar-se (vr)	замерзнуць	[za'merznutsʲ]

130. Nomes de rios

rio Sena (m)	Сена (ж)	['sena]
rio Loire (m)	Луара (ж)	[lu'ara]
rio Tamisa (m)	Тэмза (ж)	['tɛmza]
rio Reno (m)	Рэйн (м)	['rɛjn]
rio Danúbio (m)	Дунай (м)	[du'naj]
rio Volga (m)	Волга (ж)	['vɔlɦa]
rio Don (m)	Дон (м)	['dɔn]
rio Lena (m)	Лена (ж)	['lena]
rio Amarelo (m)	Хуанхэ (н)	[huan'hɛ]
rio Yangtzé (m)	Янцзы (н)	[ʲan'dzi]
rio Mekong (m)	Меконг (м)	[me'kɔnɦ]
rio Ganges (m)	Ганг (м)	['ɦanɦ]
rio Nilo (m)	Ніл (м)	['nil]
rio Congo (m)	Конга (н)	['kɔnɦa]
rio Cubango (m)	Акаванга (ж)	[aka'vanɦa]
rio Zambeze (m)	Замбезі (ж)	[zam'bezi]
rio Limpopo (m)	Лімпапо (ж)	[limpa'pɔ]
rio Mississípi (m)	Місісіпі (ж)	[misi'sipi]

131. Floresta

floresta (f), bosque (m)	лес (м)	['les]
florestal	лясны	[lʲas'nʲi]
mata (f) cerrada	гушчар (м)	[ɦu'ʃɕar]
arvoredo (m)	гай (м)	['ɦaj]
clareira (f)	паляна (ж)	[pa'lʲana]
matagal (m)	зараснікі (м мн)	['zarasniki]
mato (m)	хмызняк (м)	[hmiz'nʲak]
vereda (f)	сцяжынка (ж)	[stsʲa'ʒinka]
ravina (f)	яр (м)	[ʲar]
árvore (f)	дрэва (н)	['drɛva]

folha (f)	ліст (м)	['list]
folhagem (f)	лістота (ж)	[lis'tɔta]
queda (f) das folhas	лістапад (м)	[lista'pat]
cair (vi)	ападаць	[apa'datsʲ]
topo (m)	верхавіна (ж)	[vɛrha'vina]
ramo (m)	галіна (ж)	[ɦali'na]
galho (m)	сук (м)	['suk]
botão, rebento (m)	пупышка (ж)	[pu'piʃka]
agulha (f)	шыпулька (ж)	[ʃi'pulʲka]
pinha (f)	шышка (ж)	['ʃiʃka]
buraco (m) de árvore	дупло (н)	[dup'lɔ]
ninho (m)	гняздо (н)	[ɦnʲaz'dɔ]
toca (f)	нара (ж)	[na'ra]
tronco (m)	ствол (м)	['stvɔl]
raiz (f)	корань (м)	['kɔranʲ]
casca (f) de árvore	кара (ж)	[ka'ra]
musgo (m)	мох (м)	['mɔh]
arrancar pela raiz	карчаваць	[kartʃa'vatsʲ]
cortar (vt)	сячы	[sʲa'tʃi]
desflorestar (vt)	высякаць	[visʲa'katsʲ]
toco, cepo (m)	пень (м)	['penʲ]
fogueira (f)	вогнішча (н)	['vɔɦniʃca]
incêndio (m) florestal	пажар (м)	[pa'ʒar]
apagar (vt)	тушыць	[tu'ʃitsʲ]
guarda-florestal (m)	ляснік (м)	[lʲas'nik]
proteção (f)	ахова (ж)	[a'hɔva]
proteger (a natureza)	ахоўваць	[a'hɔwvatsʲ]
caçador (m) furtivo	браканьер (м)	[braka'njer]
armadilha (f)	пастка (ж)	['pastka]
colher (cogumelos, bagas)	збіраць	[zʲbi'ratsʲ]
perder-se (vr)	заблудзіць	[zablu'dzitsʲ]

132. Recursos naturais

recursos (m pl) naturais	прыродныя рэсурсы (м мн)	[pri'rɔdnʲʲa rɛ'sursi]
minerais (m pl)	карысныя выкапні (м мн)	[ka'risnʲʲa 'vikapni]
depósitos (m pl)	паклады (м мн)	[pa'kladi]
jazida (f)	радовішча (н)	[ra'dɔviʃca]
extrair (vt)	здабываць	[zdabi'vatsʲ]
extração (f)	здабыча (ж)	[zda'bitʃa]
minério (m)	руда (ж)	[ru'da]
mina (f)	руднік (м)	[rud'nik]
poço (m) de mina	шахта (ж)	['ʃahta]
mineiro (m)	шахцёр (м)	[ʃah'tsʲor]
gás (m)	газ (м)	['ɦas]

gasoduto (m)	газаправод (м)	[ɦazapra'vɔt]
petróleo (m)	нафта (ж)	['nafta]
oleoduto (m)	нафтаправод (м)	[naftapra'vɔt]
poço (m) de petróleo	нафтавая вышка (ж)	['naftavaʲa 'viʃka]
torre (f) petrolífera	буравая вышка (ж)	[bura'vaʲa 'viʃka]
petroleiro (m)	танкер (м)	['tanker]
areia (f)	пясок (м)	[pʲa'sɔk]
calcário (m)	вапняк (м)	[vap'nʲak]
cascalho (m)	жвір (м)	['ʒvir]
turfa (f)	торф (м)	['tɔrf]
argila (f)	гліна (ж)	['ɦlina]
carvão (m)	вугаль (м)	['vuɦalʲ]
ferro (m)	жалеза (н)	[ʒa'leza]
ouro (m)	золата (н)	['zɔlata]
prata (f)	срэбра (н)	['srɛbra]
níquel (m)	нікель (м)	['nikelʲ]
cobre (m)	медзь (ж)	['metsʲ]
zinco (m)	цынк (м)	['tsink]
manganês (m)	марганец (м)	['marɦanets]
mercúrio (m)	ртуць (ж)	['rtutsʲ]
chumbo (m)	свінец (м)	[svi'nets]
mineral (m)	мінерал (м)	[mine'ral]
cristal (m)	крышталь (м)	[kriʃ'talʲ]
mármore (m)	мармур (м)	['marmur]
urânio (m)	уран (м)	[u'ran]

A Terra. Parte 2

133. Tempo

tempo (m)	надвор'е (н)	[na'dvɔrʲe]
previsão (f) do tempo	прагноз (м) надвор'я	[prah'nɔs nad'vɔrʲa]
temperatura (f)	тэмпература (ж)	[tɛmpera'tura]
termómetro (m)	тэрмометр (м)	[tɛr'mɔmetr]
barómetro (m)	барометр (м)	[ba'rɔmetr]
húmido	вільготны	[vilʲ'hɔtni]
humidade (f)	вільготнасць (ж)	[vilʲ'hɔtnastsʲ]
calor (m)	гарачыня (ж)	[haratʃi'nʲa]
cálido	гарачы	[ha'ratʃi]
está muito calor	горача	['hɔratʃa]
está calor	цёпла	['tsʲopla]
quente	цёплы	['tsʲoplʲi]
está frio	холадна	['hɔladna]
frio	халодны	[ha'lɔdni]
sol (m)	сонца (н)	['sɔntsa]
brilhar (vi)	свяціць	[svʲa'tsitsʲ]
de sol, ensolarado	сонечны	['sɔnetʃni]
nascer (vi)	узысці	[uzis'tsi]
pôr-se (vr)	сесці	['sesʲtsi]
nuvem (f)	воблака (н)	['vɔblaka]
nublado	воблачны	['vɔblatʃni]
nuvem (f) preta	хмара (ж)	['hmara]
escuro, cinzento	пахмурны	[pah'murni]
chuva (f)	дождж (м)	['dɔʃʥ]
está a chover	ідзе дождж	[iʲdze 'dɔʃʥ]
chuvoso	дажджлівы	[daʒʤ'livi]
chuviscar (vi)	імжыць	[im'ʒitsʲ]
chuva (f) torrencial	праліўны дождж (м)	[praliw'ni 'dɔʃʥ]
chuvada (f)	лівень (м)	['livenʲ]
forte (chuva)	моцны	['mɔtsni]
poça (f)	лужына (ж)	['luʒina]
molhar-se (vr)	мокнуць	['mɔknutsʲ]
nevoeiro (m)	туман (м)	[tu'man]
de nevoeiro	туманны	[tu'manni]
neve (f)	снег (м)	['sneh]
está a nevar	ідзе снег	[iʲdze 'sneh]

134. Tempo extremo. Catástrofes naturais

trovoada (f)	навальніца (ж)	[navalʲ'nitsa]
relâmpago (m)	маланка (ж)	[ma'lanka]
relampejar (vi)	бліскаць	['bliskatsʲ]

trovão (m)	гром (м)	['ɦrɔm]
trovejar (vi)	грымець	[ɦri'metsʲ]
está a trovejar	грыміць гром	[ɦri'mitsʲ 'ɦrɔm]

granizo (m)	град (м)	['ɦrat]
está a cair granizo	ідзе град	[i'dze 'ɦrat]

inundar (vt)	затапіць	[zata'pitsʲ]
inundação (f)	паводка (ж)	[pa'vɔtka]

terremoto (m)	землятрус (м)	[zemlʲa'trus]
abalo, tremor (m)	штуршок (м)	[ʃtur'ʃɔk]
epicentro (m)	эпіцэнтр (м)	[ɛpi'tsɛntr]

erupção (f)	вывяржэнне (н)	[vivʲar'ʒɛnne]
lava (f)	лава (ж)	['lava]

turbilhão (m)	смерч (м)	['smertʃ]
tornado (m)	тарнада (м)	[tar'nada]
tufão (m)	тайфун (м)	[taj'fun]

furacão (m)	ураган (м)	[ura'ɦan]
tempestade (f)	бура (ж)	['bura]
tsunami (m)	цунамі (н)	[tsu'nami]

ciclone (m)	цыклон (м)	[tsik'lɔn]
mau tempo (m)	непагадзь (ж)	['nepaɦatsʲ]
incêndio (m)	пажар (м)	[pa'ʒar]
catástrofe (f)	катастрофа (ж)	[kata'strɔfa]
meteorito (m)	метэарыт (м)	[metɛa'rit]

avalanche (f)	лавіна (ж)	[la'vina]
deslizamento (m) de neve	абвал (м)	[ab'val]
nevasca (f)	мяцеліца (ж)	[mʲa'tselitsa]
tempestade (f) de neve	завіруха (ж)	[zavi'ruha]

Fauna

135. Mamíferos. Predadores

predador (m)	драпежнік (м)	[dra'peʒnik]
tigre (m)	тыгр (м)	['tiɦr]
leão (m)	леў (м)	['lew]
lobo (m)	воўк (м)	['vɔwk]
raposa (f)	ліса (ж)	['lisa]
jaguar (m)	ягуар (м)	[ʲaɦu'ar]
leopardo (m)	леапард (м)	[lea'part]
chita (f)	гепард (м)	[ɦe'part]
pantera (f)	пантэра (ж)	[pan'tɛra]
puma (m)	пума (ж)	['puma]
leopardo-das-neves (m)	снежны барс (м)	['sneʒnɨ 'bars]
lince (m)	рысь (ж)	['risʲ]
coiote (m)	каёт (м)	[ka'ʲot]
chacal (m)	шакал (м)	[ʃa'kal]
hiena (f)	гіена (ж)	[ɦi'ena]

136. Animais selvagens

animal (m)	жывёліна (ж)	[ʒɨ'vʲolina]
besta (f)	звер (м)	['zʲver]
esquilo (m)	вавёрка (ж)	[va'vʲorka]
ouriço (m)	вожык (м)	['vɔʒɨk]
lebre (f)	заяц (м)	['zaʲats]
coelho (m)	трус (м)	['trus]
texugo (m)	барсук (м)	[bar'suk]
guaxinim (m)	янот (м)	[ʲa'nɔt]
hamster (m)	хамяк (м)	[ha'mʲak]
marmota (f)	сурок (м)	[su'rɔk]
toupeira (f)	крот (м)	['krɔt]
rato (m)	мыш (ж)	['miʃ]
ratazana (f)	пацук (м)	[pa'tsuk]
morcego (m)	кажан (м)	[ka'ʒan]
arminho (m)	гарнастай (м)	[ɦarna'staj]
zibelina (f)	собаль (м)	['sɔbalʲ]
marta (f)	куніца (ж)	[ku'nitsa]
doninha (f)	ласка (ж)	['laska]
vison (m)	норка (ж)	['nɔrka]

castor (m)	бабёр (м)	[baˈbʲor]
lontra (f)	выдра (ж)	[ˈvɨdra]
cavalo (m)	конь (м)	[ˈkɔnʲ]
alce (m)	лось (м)	[ˈlɔsʲ]
veado (m)	алень (м)	[aˈlenʲ]
camelo (m)	вярблюд (м)	[vʲarˈblʉt]
bisão (m)	бізон (м)	[biˈzɔn]
auroque (m)	зубр (м)	[ˈzubr]
búfalo (m)	буйвал (м)	[ˈbujval]
zebra (f)	зебра (ж)	[ˈzebra]
antílope (m)	антылопа (ж)	[antiˈlɔpa]
corça (f)	казуля (ж)	[kaˈzulʲa]
gamo (m)	лань (ж)	[ˈlanʲ]
camurça (f)	сарна (ж)	[ˈsarna]
javali (m)	дзік (м)	[ˈdzik]
baleia (f)	кіт (м)	[ˈkit]
foca (f)	цюлень (м)	[tsʉˈlenʲ]
morsa (f)	морж (м)	[ˈmɔrʃ]
urso-marinho (m)	коцік (м)	[ˈkɔtsik]
golfinho (m)	дэльфін (м)	[dɛlʲˈfin]
urso (m)	мядзведзь (м)	[mʲadzˈvedzʲ]
urso (m) branco	белы мядзведзь (м)	[ˈbeli mʲadzˈvedzʲ]
panda (m)	панда (ж)	[ˈpanda]
macaco (em geral)	малпа (ж)	[ˈmalpa]
chimpanzé (m)	шымпанзэ (м)	[ʃimpanˈzɛ]
orangotango (m)	арангутанг (м)	[aranɦuˈtanɦ]
gorila (f)	гарыла (ж)	[ɦaˈrila]
macaco (m)	макака (ж)	[maˈkaka]
gibão (m)	гібон (м)	[ɦiˈbɔn]
elefante (m)	слон (м)	[ˈslɔn]
rinoceronte (m)	насарог (м)	[nasaˈrɔɦ]
girafa (f)	жырафа (ж)	[ʒɨˈrafa]
hipopótamo (m)	бегемот (м)	[beɦeˈmɔt]
canguru (m)	кенгуру (м)	[kenɦuˈru]
coala (m)	каала (ж)	[kaˈala]
mangusto (m)	мангуст (м)	[manˈɦust]
chinchila (m)	шыншыла (ж)	[ʃinˈʃila]
doninha-fedorenta (f)	скунс (м)	[ˈskuns]
porco-espinho (m)	дзікабраз (м)	[dzikabˈras]

137. Animais domésticos

gata (f)	кошка (ж)	[ˈkɔʃka]
gato (m) macho	кот (м)	[ˈkɔt]
cão (m)	сабака (м)	[saˈbaka]

cavalo (m)	конь (м)	['konʲ]
garanhão (m)	жарабец (м)	[ʒara'bets]
égua (f)	кабыла (ж)	[ka'bɨla]
vaca (f)	карова (ж)	[ka'rova]
touro (m)	бык (м)	['bɨk]
boi (m)	вол (м)	['vol]
ovelha (f)	авечка (ж)	[a'vetʃka]
carneiro (m)	баран (м)	[ba'ran]
cabra (f)	каза (ж)	[ka'za]
bode (m)	казёл (м)	[ka'zʲol]
burro (m)	асёл (м)	[a'sʲol]
mula (f)	мул (м)	['mul]
porco (m)	свіння (ж)	[svi'nnʲa]
leitão (m)	парася (н)	[para'sʲa]
coelho (m)	трус (м)	['trus]
galinha (f)	курыца (ж)	['kurɨtsa]
galo (m)	певень (м)	['pevenʲ]
pata (f)	качка (ж)	['katʃka]
pato (macho)	качар (м)	['katʃar]
ganso (m)	гусь (ж)	['ɦusʲ]
peru (m)	індык (м)	[in'dɨk]
perua (f)	індычка (ж)	[in'dɨtʃka]
animais (m pl) domésticos	свойская жывёла (ж)	[svɔjskaʲa ʒɨ'vʲola]
domesticado	ручны	[rutʃ'nɨ]
domesticar (vt)	прыручаць	[prɨru'tʃatsʲ]
criar (vt)	выгадоўваць	[vɨɦa'dowvatsʲ]
quinta (f)	ферма (ж)	['ferma]
aves (f pl) domésticas	свойская птушка (ж)	['svɔjskaʲa 'ptuʃka]
gado (m)	жывёла (ж)	[ʒɨ'vʲola]
rebanho (m), manada (f)	статак (м)	['statak]
estábulo (m)	стайня (ж)	['stajnʲa]
pocilga (f)	свінарнік (м)	[svi'narnik]
estábulo (m)	кароўнік (м)	[ka'rownik]
coelheira (f)	трусятнік (м)	[tru'sʲatnik]
galinheiro (m)	куратнік (м)	[ku'ratnik]

138. Pássaros

pássaro (m), ave (f)	птушка (ж)	['ptuʃka]
pombo (m)	голуб (м)	['ɦɔlup]
pardal (m)	верабей (м)	[vera'bej]
chapim-real (m)	сініца (ж)	[si'nitsa]
pega-rabuda (f)	сарока (ж)	[sa'rɔka]
corvo (m)	крумкач (м)	[krum'katʃ]

gralha (f) cinzenta	варона (ж)	[vaˈrɔna]
gralha-de-nuca-cinzenta (f)	галка (ж)	[ˈɦalka]
gralha-calva (f)	грак (м)	[ˈɦrak]
pato (m)	качка (ж)	[ˈkatʃka]
ganso (m)	гусь (ж)	[ˈɦusʲ]
faisão (m)	фазан (м)	[faˈzan]
águia (f)	арол (м)	[aˈrɔl]
açor (m)	ястраб (м)	[ˈʲastrap]
falcão (m)	сокал (м)	[ˈsɔkal]
abutre (m)	грыф (м)	[ˈɦrif]
condor (m)	кондар (м)	[ˈkɔndar]
cisne (m)	лебедзь (м)	[ˈlebetsʲ]
grou (m)	журавель (м)	[ʒuraˈvelʲ]
cegonha (f)	бусел (м)	[ˈbusel]
papagaio (m)	папугай (м)	[papuˈɦaj]
beija-flor (m)	калібры (м)	[kaˈlibri]
pavão (m)	паўлін (м)	[pawˈlin]
avestruz (m)	страус (м)	[ˈstraus]
garça (f)	чапля (ж)	[ˈtʃaplʲa]
flamingo (m)	фламінга (м)	[flaˈminɦa]
pelicano (m)	пелікан (м)	[peliˈkan]
rouxinol (m)	салавей (м)	[salaˈvej]
andorinha (f)	ластаўка (ж)	[ˈlastawka]
tordo-zornal (m)	дрозд (м)	[ˈdrɔst]
tordo-músico (m)	пеўчы дрозд (м)	[ˈpewtʃi ˈdrɔst]
melro-preto (m)	чорны дрозд (м)	[ˈtʃɔrnɨ ˈdrɔst]
andorinhão (m)	стрыж (м)	[ˈstriʃ]
cotovia (f)	жаваранак (м)	[ˈʒavaranak]
codorna (f)	перапёлка (ж)	[peraˈpʲolka]
pica-pau (m)	дзяцел (м)	[ˈdzʲatsel]
cuco (m)	зязюля (ж)	[zʲaˈzulʲa]
coruja (f)	сава (ж)	[saˈva]
corujão, bufo (m)	пугач (м)	[puˈɦatʃ]
tetraz-grande (m)	глушэц (м)	[ɦluˈʃɛts]
tetraz-lira (m)	цецярук (м)	[tsetsʲaˈruk]
perdiz-cinzenta (f)	курапатка (ж)	[kuraˈpatka]
estorninho (m)	шпак (м)	[ˈʃpak]
canário (m)	канарэйка (ж)	[kanaˈrɛjka]
galinha-do-mato (f)	рабчык (м)	[ˈraptʃik]
tentilhão (m)	зяблік (м)	[ˈzʲablik]
dom-fafe (m)	гіль (м)	[ˈɦilʲ]
gaivota (f)	чайка (ж)	[ˈtʃajka]
albatroz (m)	альбатрос (м)	[alʲbatˈrɔs]
pinguim (m)	пінгвін (м)	[pinɦˈvin]

139. Peixes. Animais marinhos

brema (f)	лешч (м)	['leʃc]
carpa (f)	карп (м)	['karp]
perca (f)	акунь (м)	[a'kunʲ]
siluro (m)	сом (м)	['sɔm]
lúcio (m)	шчупак (м)	[ʃcu'pak]
salmão (m)	ласось (м)	[la'sɔsʲ]
esturjão (m)	асетр (м)	[a'setr]
arenque (m)	селядзец (м)	[selʲa'dzets]
salmão (m)	сёмга (ж)	['sʲomha]
cavala, sarda (f)	скумбрыя (ж)	['skumbriʲa]
solha (f)	камбала (ж)	['kambala]
lúcio perca (m)	судак (м)	[su'dak]
bacalhau (m)	траска (ж)	[tras'ka]
atum (m)	тунец (м)	[tu'nets]
truta (f)	стронга (ж)	['strɔnha]
enguia (f)	вугор (м)	[vu'hɔr]
raia elétrica (f)	электрычны скат (м)	[ɛlekt'ritʃnɨ 'skat]
moreia (f)	мурэна (ж)	[mu'rɛna]
piranha (f)	пірання (ж)	[pi'rannʲa]
tubarão (m)	акула (ж)	[a'kula]
golfinho (m)	дэльфін (м)	[dɛlʲ'fin]
baleia (f)	кіт (м)	['kit]
caranguejo (m)	краб (м)	['krap]
medusa, alforreca (f)	медуза (ж)	[me'duza]
polvo (m)	васьміног (м)	[vasʲmi'nɔh]
estrela-do-mar (f)	марская зорка (ж)	[mar'skaʲa 'zɔrka]
ouriço-do-mar (m)	марскі вожык (м)	[mar'ski 'vɔʒɨk]
cavalo-marinho (m)	марскі конік (м)	[mar'ski 'kɔnik]
ostra (f)	вустрыца (ж)	['vustritsa]
camarão (m)	крэветка (ж)	[krɛ'vetka]
lavagante (m)	амар (м)	[a'mar]
lagosta (f)	лангуст (м)	[lan'hust]

140. Amfíbios. Répteis

serpente, cobra (f)	змяя (ж)	[zmæˈʲa]
venenoso	ядавіты	[ʲada'vitɨ]
víbora (f)	гадзюка (ж)	[ɦa'dzuka]
cobra-capelo, naja (f)	кобра (ж)	['kɔbra]
pitão (m)	пітон (м)	[pi'tɔn]
jiboia (f)	удаў (м)	[u'daw]
cobra-de-água (f)	вуж (м)	['vuʃ]

cascavel (f)	грымучая змяя (ж)	[ɦri'mutʃaʲa zmæˡʲa]
anaconda (f)	анаконда (ж)	[ana'kɔnda]
lagarto (m)	яшчарка (ж)	[ˡʲaʃcarka]
iguana (f)	ігуана (ж)	[iɦu'ana]
varano (m)	варан (м)	[va'ran]
salamandra (f)	саламандра (ж)	[sala'mandra]
camaleão (m)	хамелеон (м)	[hamele'ɔn]
escorpião (m)	скарпіён (м)	[skarpiˡʲon]
tartaruga (f)	чарапаха (ж)	[tʃara'paha]
rã (f)	жаба (ж)	['ʒaba]
sapo (m)	рапуха (ж)	[ra'puha]
crocodilo (m)	кракадзіл (м)	[kraka'dzil]

141. Insetos

inseto (m)	насякомае (н)	[nasʲa'kɔmae]
borboleta (f)	матылёк (м)	[mati'lʲok]
formiga (f)	мурашка (ж)	[mu'raʃka]
mosca (f)	муха (ж)	['muha]
mosquito (m)	камар (м)	[ka'mar]
escaravelho (m)	жук (м)	['ʒuk]
vespa (f)	аса (ж)	[a'sa]
abelha (f)	пчала (ж)	[ptʃa'la]
mamangava (f)	чмель (м)	['tʃmelʲ]
moscardo (m)	авадзень (м)	[ava'dzenʲ]
aranha (f)	павук (м)	[pa'vuk]
teia (f) de aranha	павуціна (ж)	[pavu'tsina]
libélula (f)	страказа (ж)	[straka'za]
gafanhoto-do-campo (m)	конік (м)	['kɔnik]
traça (f)	матыль (м)	[ma'tiɫʲ]
barata (f)	таракан (м)	[tara'kan]
carraça (f)	клешч (м)	['kleʃc]
pulga (f)	блыха (ж)	[bliˡha]
borrachudo (m)	мошка (ж)	['mɔʃka]
gafanhoto (m)	саранча (ж)	[saran'tʃa]
caracol (m)	слімак (м)	[sli'mak]
grilo (m)	цвыркун (м)	[tsvir'kun]
pirilampo (m)	светлячок (м)	[svetlʲa'tʃɔk]
joaninha (f)	божая кароўка (ж)	[bɔʒaʲa ka'rɔwka]
besouro (m)	хрушч (м)	['hruʃc]
sanguessuga (f)	п'яўка (ж)	['pʲʲawka]
lagarta (f)	вусень (м)	['vusenʲ]
minhoca (f)	чарвяк (м)	[tʃar'vʲak]
larva (f)	чарвяк (м)	[tʃar'vʲak]

Flora

142. Árvores

árvore (f)	дрэва (н)	['drɛva]
decídua	ліставое	[lista'vɔe]
conífera	хвойнае	['hvɔjnae]
perene	вечназялёнае	[vetʃnazʲa'lʲonae]

macieira (f)	яблыня (ж)	[ˈjablinʲa]
pereira (f)	груша (ж)	['ɦruʃa]
cerejeira (f)	чарэшня (ж)	[tʃa'rɛʃnʲa]
ginjeira (f)	вішня (ж)	['viʃnʲa]
ameixeira (f)	сліва (ж)	['sliva]

bétula (f)	бяроза (ж)	[bʲa'rɔza]
carvalho (m)	дуб (м)	['dup]
tília (f)	ліпа (ж)	['lipa]
choupo-tremedor (m)	асіна (ж)	[a'sina]
bordo (m)	клён (м)	['klʲon]
espruce-europeu (m)	елка (ж)	['elka]
pinheiro (m)	сасна (ж)	[sas'na]
alerce, lariço (m)	лістоўніца (ж)	[lis'tɔwnitsa]
abeto (m)	піхта (ж)	['pihta]
cedro (m)	кедр (м)	['kedr]

choupo, álamo (m)	таполя (ж)	[ta'polʲa]
tramazeira (f)	рабіна (ж)	[ra'bina]
salgueiro (m)	вярба (ж)	[vʲar'ba]
amieiro (m)	вольха (ж)	['volʲha]
faia (f)	бук (м)	['buk]
ulmeiro (m)	вяз (м)	['vʲas]
freixo (m)	ясень (м)	[ˈjasenʲ]
castanheiro (m)	каштан (м)	[kaʃ'tan]

magnólia (f)	магнолія (ж)	[maɦ'nɔliʲa]
palmeira (f)	пальма (ж)	['palʲma]
cipreste (m)	кіпарыс (м)	[kipa'ris]

mangue (m)	мангравае дрэва (н)	['manɦravae 'drɛva]
embondeiro, baobá (m)	баабаб (м)	[baa'bap]
eucalipto (m)	эўкаліпт (м)	[ɛwka'lipt]
sequoia (f)	секвоя (ж)	[sek'vɔʲa]

143. Arbustos

arbusto (m)	куст (м)	['kust]
arbusto (m), moita (f)	хмызняк (м)	[ɦmiz'nʲak]

videira (f)	вінаград (м)	[vina'ɦrat]
vinhedo (m)	вінаграднік (м)	[vina'ɦradnik]
framboeseira (f)	маліны (ж мн)	[ma'linɨ]
groselheira-preta (f)	чорная парэчка (ж)	['ʧorna¹a pa'rɛʧka]
groselheira-vermelha (f)	чырвоная парэчка (ж)	[ʧir'vɔna¹a pa'rɛʧka]
groselheira (f) espinhosa	агрэст (м)	[aɦ'rɛst]
acácia (f)	акацыя (ж)	[a'katsʲia]
bérberis (f)	барбарыс (м)	[barba'ris]
jasmim (m)	язмін (м)	[ʲaz'min]
junípero (m)	ядловец (м)	[ʲad'lɔvets]
roseira (f)	ружавы куст (м)	['ruʒavɨ kust]
roseira (f) brava	шыпшына (ж)	[ʃip'ʃina]

144. Frutos. Bagas

fruta (f)	фрукт, плод (м)	['frukt], [plot]
frutas (f pl)	садавіна (ж)	[sada'vina]
maçã (f)	яблык (м)	[ʲablik]
pera (f)	груша (ж)	['ɦruʃa]
ameixa (f)	сліва (ж)	['sliva]
morango (m)	клубніцы (ж мн)	[klub'nitsi]
ginja (f)	вішня (ж)	['viʃnʲa]
cereja (f)	чарэшня (ж)	[ʧa'rɛʃnʲa]
uva (f)	вінаград (м)	[vina'ɦrat]
framboesa (f)	маліны (ж мн)	[ma'linɨ]
groselha (f) preta	чорныя парэчкі (ж мн)	['ʧornʲia pa'rɛʧki]
groselha (f) vermelha	чырвоныя парэчкі (ж мн)	[ʧir'vɔnʲia pa'rɛʧki]
groselha (f) espinhosa	агрэст (м)	[aɦ'rɛst]
oxicoco (m)	журавіны (ж мн)	[ʒura'vinɨ]
laranja (f)	апельсін (м)	[apelʲ'sin]
tangerina (f)	мандарын (м)	[manda'rin]
ananás (m)	ананас (м)	[ana'nas]
banana (f)	банан (м)	[ba'nan]
tâmara (f)	фінік (м)	['finik]
limão (m)	лімон (м)	[li'mɔn]
damasco (m)	абрыкос (м)	[abri'kɔs]
pêssego (m)	персік (м)	['persik]
kiwi (m)	ківі (м)	['kivi]
toranja (f)	грэйпфрут (м)	[ɦrɛjp'frut]
baga (f)	ягада (ж)	[ʲaɦada]
bagas (f pl)	ягады (ж мн)	[ʲaɦadɨ]
arando (m) vermelho	брусніцы (ж мн)	[brus'nitsi]
morango-silvestre (m)	суніцы (ж мн)	[su'nitsi]
mirtilo (m)	чарніцы (ж мн)	[ʧar'nitsi]

145. Flores. Plantas

flor (f)	кветка (ж)	['kvetka]
ramo (m) de flores	букет (м)	[bu'ket]
rosa (f)	ружа (ж)	['ruʒa]
tulipa (f)	цюльпан (м)	[tsʲulʲ'pan]
cravo (m)	гваздзік (м)	[ɦvazʲ'dzik]
gladíolo (m)	гладыёлус (м)	[ɦladiʲ'olus]
centáurea (f)	валошка (ж)	[va'lɔʃka]
campânula (f)	званочак (м)	[zva'nɔʧak]
dente-de-leão (m)	дзьмухавец (м)	[tsʲmuha'vets]
camomila (f)	рамонак (м)	[ra'mɔnak]
aloé (m)	альяс (м)	[a'lʲas]
cato (m)	кактус (м)	['kaktus]
fícus (m)	фікус (м)	['fikus]
lírio (m)	лілея (ж)	[li'leʲa]
gerânio (m)	герань (ж)	[ɦe'ranʲ]
jacinto (m)	гіяцынт (м)	[ɦiʲa'tsint]
mimosa (f)	мімоза (ж)	[mi'mɔza]
narciso (m)	нарцыс (м)	[nar'tsis]
capuchinha (f)	настурка (ж)	[na'sturka]
orquídea (f)	архідэя (ж)	[arhi'dɛʲa]
peónia (f)	півоня (ж)	[pi'vɔnʲa]
violeta (f)	фіялка (ж)	[fiʲ'alka]
amor-perfeito (m)	браткі (мн)	['bratki]
não-me-esqueças (m)	незабудка (ж)	[neza'butka]
margarida (f)	маргарытка (ж)	[marɦa'ritka]
papoula (f)	мак (м)	['mak]
cânhamo (m)	каноплі (мн)	[ka'nɔpli]
hortelã (f)	мята (ж)	['mʲata]
lírio-do-vale (m)	ландыш (м)	['landiʃ]
campânula-branca (f)	падснежнік (м)	[pat'sneʒnik]
urtiga (f)	крапіва (ж)	[krapi'va]
azeda (f)	шчаўе (н)	['ʃɕawe]
nenúfar (m)	гарлачык (м)	[ɦar'laʧik]
feto (m), samambaia (f)	папараць (ж)	['paparatsʲ]
líquen (m)	лішайнік (м)	[li'ʃajnik]
estufa (f)	аранжарэя (ж)	[aranʒa'rɛʲa]
relvado (m)	газон (м)	[ɦa'zɔn]
canteiro (m) de flores	клумба (ж)	['klumba]
planta (f)	расліна (ж)	[ras'lina]
erva (f)	трава (ж)	[tra'va]
folha (f) de erva	травінка (ж)	[tra'vinka]

T&P Books. Vocabulário Português-Bielorrusso - 5000 palavras

folha (f)	ліст (м)	['list]
pétala (f)	пялёстак (м)	[pʲa'lʲostak]
talo (m)	сцябло (н)	[stsʲab'lɔ]
tubérculo (m)	клубень (м)	['klubenʲ]

| broto, rebento (m) | расток (м) | [ras'tɔk] |
| espinho (m) | калючка (ж) | [ka'lʉtʃka] |

florescer (vi)	цвісці	[tsʲvis'tsi]
murchar (vi)	вянуць	['vʲanutsʲ]
cheiro (m)	пах (м)	['pah]
cortar (flores)	зразаць	[zra'zatsʲ]
colher (uma flor)	сарваць	[sar'vatsʲ]

146. Cereais, grãos

grão (m)	зерне (н)	['zerne]
cereais (plantas)	зерневыя расліны (ж мн)	[zernevʲia ra'slinʲi]
espiga (f)	колас (м)	['kɔlas]

trigo (m)	пшаніца (ж)	[pʃa'nitsa]
centeio (m)	жыта (н)	['ʒita]
aveia (f)	авёс (м)	[a'vʲos]
milho-miúdo (m)	проса (н)	['prɔsa]
cevada (f)	ячмень (м)	[ʲatʃ'menʲ]

milho (m)	кукуруза (ж)	[kuku'ruza]
arroz (m)	рыс (м)	['ris]
trigo-sarraceno (m)	грэчка (ж)	['ɦrɛtʃka]

ervilha (f)	гарох (м)	[ɦa'rɔh]
feijão (m)	фасоля (ж)	[fa'sɔlʲa]
soja (f)	соя (ж)	['sɔʲa]
lentilha (f)	сачавіца (ж)	[satʃa'vitsa]
fava (f)	боб (м)	['bɔp]

PAÍSES. NACIONALIDADES

147. Europa Ocidental

Europa (f)	Еўропа	[ew'rɔpa]
União (f) Europeia	Еўрапейскі саюз	[ewra'pejski sa'us]
Áustria (f)	Аўстрыя	['awstrʲa]
Grã-Bretanha (f)	Вялікабрытанія	[vʲalikabri'tanʲa]
Inglaterra (f)	Англія	['anɦlʲa]
Bélgica (f)	Бельгія	['belʲɦʲa]
Alemanha (f)	Германія	[ɦer'manʲa]
Países (m pl) Baixos	Нідэрланды	[nidɛr'landi]
Holanda (f)	Галандыя	[ɦa'landʲa]
Grécia (f)	Грэцыя	['ɦrɛtsʲa]
Dinamarca (f)	Данія	['danʲa]
Irlanda (f)	Ірландыя	[ir'landʲa]
Islândia (f)	Ісландыя	[is'landʲa]
Espanha (f)	Іспанія	[is'panʲa]
Itália (f)	Італія	[i'talʲa]
Chipre (m)	Кіпр	['kipr]
Malta (f)	Мальта	['malʲta]
Noruega (f)	Нарвегія	[nar'veɦʲa]
Portugal (m)	Партугалія	[partu'ɦalʲa]
Finlândia (f)	Фінляндыя	[fin'lʲandʲa]
França (f)	Францыя	['frantsʲa]
Suécia (f)	Швецыя	['ʃvetsʲa]
Suíça (f)	Швейцарыя	[ʃvej'tsarʲa]
Escócia (f)	Шатландыя	[ʃat'landʲa]
Vaticano (m)	Ватыкан	[vati'kan]
Liechtenstein (m)	Ліхтэнштэйн	[lihtɛn'ʃtɛjn]
Luxemburgo (m)	Люксембург	[luksem'burɦ]
Mónaco (m)	Манака	[ma'naka]

148. Europa Central e de Leste

Albânia (f)	Албанія	[al'banʲa]
Bulgária (f)	Балгарыя	[bal'ɦarʲa]
Hungria (f)	Венгрыя	['venɦrʲa]
Letónia (f)	Латвія	['latvʲa]
Lituânia (f)	Літва	[lit'va]
Polónia (f)	Польшча	['polʲʃca]

T&P Books. Vocabulário Português-Bielorrusso - 5000 palavras

Roménia (f)	Румынія	[ru'miniʲa]
Sérvia (f)	Сербія	['serbiʲa]
Eslováquia (f)	Славакія	[sla'vakiʲa]

Croácia (f)	Харватыя	[har'vatiʲa]
República (f) Checa	Чэхія	['ʧchiʲa]
Estónia (f)	Эстонія	[ɛs'toniʲa]

Bósnia e Herzegovina (f)	Боснія і Герцагавіна	['bɔsniʲa i hertsaha'vina]
Macedónia (f)	Македонія	[make'doniʲa]
Eslovénia (f)	Славенія	[sla'veniʲa]
Montenegro (m)	Чарнагорыя	[ʧarna'hɔriʲa]

149. Países da ex-URSS

| Azerbaijão (m) | Азербайджан | [azerbaj'dʒan] |
| Arménia (f) | Арменія | [ar'meniʲa] |

Bielorrússia (f)	Беларусь	[bela'rusʲ]
Geórgia (f)	Грузія	['hruziʲa]
Cazaquistão (m)	Казахстан	[kazah'stan]
Quirguistão (m)	Кыргызстан	[kirhi'stan]
Moldávia (f)	Малдова	[mal'dɔva]

| Rússia (f) | Расія | [ra'siʲa] |
| Ucrânia (f) | Украіна | [ukra'ina] |

Tajiquistão (m)	Таджыкістан	[tadʒiki'stan]
Turquemenistão (m)	Туркменістан	[turkmeni'stan]
Uzbequistão (f)	Узбекістан	[uzʲbeki'stan]

150. Asia

Ásia (f)	Азія	['aziʲa]
Vietname (m)	В'етнам	[v'et'nam]
Índia (f)	Індыя	['indiʲa]
Israel (m)	Ізраіль	[iz'railʲ]

China (f)	Кітай	[ki'taj]
Líbano (m)	Ліван	[li'van]
Mongólia (f)	Манголія	[man'hɔliʲa]

| Malásia (f) | Малайзія | [ma'lajziʲa] |
| Paquistão (m) | Пакістан | [paki'stan] |

Arábia (f) Saudita	Саудаўская Аравія	[sa'udawskaʲa a'rawiʲa]
Tailândia (f)	Тайланд	[taj'lant]
Taiwan (m)	Тайвань	[taj'vanʲ]
Turquia (f)	Турцыя	['turtsiʲa]
Japão (m)	Японія	[ʲa'pɔniʲa]
Afeganistão (m)	Афганістан	[afhani'stan]
Bangladesh (m)	Бангладэш	[banhla'dɛʃ]

Indonésia (f)	Інданезія	[inda'neziʲa]
Jordânia (f)	Іарданія	[iar'daniʲa]
Iraque (m)	Ірак	[i'rak]
Irão (m)	Іран	[i'ran]
Camboja (f)	Камбоджа	[kam'bɔdʒa]
Kuwait (m)	Кувейт	[ku'vejt]
Laos (m)	Лаос	[la'ɔs]
Myanmar (m), Birmânia (f)	М'янма	['mʲʲanma]
Nepal (m)	Непал	[ne'pal]
Emirados Árabes Unidos	Аб'яднаныя Арабскія Эміраты	[abʲʲad'naniʲa a'rapskiʲa ɛmi'ratɨ]
Síria (f)	Сірыя	['siriʲa]
Palestina (f)	Палесцінская аўтаномія	[pales'tsinskaʲa awta'nɔmiʲa]
Coreia do Sul (f)	Паўднёвая Карэя	[paw'dnʲovaʲa ka'rɛʲa]
Coreia do Norte (f)	Паўночная Карэя	[paw'nɔtʃnaʲa ka'rɛʲa]

151. América do Norte

Estados Unidos da América	Злучаныя Штаты Амерыкі	[zlutʃaniʲa ʃtatɨ a'meriki]
Canadá (m)	Канада	[ka'nada]
México (m)	Мексіка	['meksika]

152. América Central do Sul

Argentina (f)	Аргенціна	[arɦen'tsina]
Brasil (m)	Бразілія	[bra'ziliʲa]
Colômbia (f)	Калумбія	[ka'lumbiʲa]
Cuba (f)	Куба	['kuba]
Chile (m)	Чылі	['tʃɨli]
Bolívia (f)	Балівія	[ba'liviʲa]
Venezuela (f)	Венесуэла	[venesu'ɛla]
Paraguai (m)	Парагвай	[paraɦ'vaj]
Peru (m)	Перу	[pe'ru]
Suriname (m)	Сурынам	[suri'nam]
Uruguai (m)	Уругвай	[uruɦ'vaj]
Equador (m)	Эквадор	[ɛkva'dɔr]
Bahamas (f pl)	Багамскія астравы	[ba'ɦamskiʲa astra'vɨ]
Haiti (m)	Гаіці	[ɦa'itsi]
República (f) Dominicana	Дамініканская Рэспубліка	[damini'kanskaʲa rɛs'publika]
Panamá (m)	Панама	[pa'nama]
Jamaica (f)	Ямайка	[ʲa'majka]

153. Africa

Egito (m)	Егіпет	[e'ɦipet]
Marrocos	Марока	[ma'rɔka]
Tunísia (f)	Туніс	[tu'nis]
Gana (f)	Гана	['ɦana]
Zanzibar (m)	Занзібар	[zanzi'bar]
Quénia (f)	Кенія	['keniʲa]
Líbia (f)	Лівія	['liviʲa]
Madagáscar (m)	Мадагаскар	[madaɦas'kar]
Namíbia (f)	Намібія	[na'mibiʲa]
Senegal (m)	Сенегал	[sene'ɦal]
Tanzânia (f)	Танзанія	[tan'zaniʲa]
África do Sul (f)	Паўднёва-Афрыканская Рэспубліка	[paw'dnʲova afri'kanskaʲa rɛs'publika]

154. Austrália. Oceania

Austrália (f)	Аўстралія	[aw'straliʲa]
Nova Zelândia (f)	Новая Зеландыя	['novaʲa ze'landiʲa]
Tasmânia (f)	Тасманія	[tas'maniʲa]
Polinésia Francesa (f)	Французская Палінезія	[fran'tsuskaʲa pali'neziʲa]

155. Cidades

Amesterdão	Амстэрдам	[amstɛr'dam]
Ancara	Анкара	[anka'ra]
Atenas	Афіны	[a'fini]
Bagdade	Багдад	[baɦ'dat]
Banguecoque	Бангкок	[banɦ'kɔk]
Barcelona	Барселона	[barse'lɔna]
Beirute	Бейрут	[bej'rut]
Berlim	Берлін	[ber'lin]
Bombaim	Бамбей	[bam'bej]
Bona	Бон	['bɔn]
Bordéus	Бардо	[bar'dɔ]
Bratislava	Браціслава	[bratsi'slava]
Bruxelas	Брусель	[bru'selʲ]
Bucareste	Бухарэст	[buha'rɛst]
Budapeste	Будапешт	[buda'peʃt]
Cairo	Каір	[ka'ir]
Calcutá	Калькута	[kalʲ'kuta]
Chicago	Чыкага	[tʃi'kaɦa]
Cidade do México	Мехіка	['mehika]
Copenhaga	Капенгаген	[kape'nɦaɦen]

Dar es Salaam	Дар-эс-Салам	[darɛssa'lam]
Deli	Дэлі	['dɛli]
Dubai	Дубай	[du'baj]
Dublin, Dublim	Дублін	['dublin]
Düsseldorf	Дзюсельдорф	[dzusselʲ'dɔrf]
Estocolmo	Стакгольм	[stak'ɦɔlʲm]
Florença	Фларэнцыя	[fla'rɛntsiʲa]
Frankfurt	Франкфурт	['frankfurt]
Genebra	Жэнева	[ʒɛ'neva]
Haia	Гаага	[ɦa'aɦa]
Hamburgo	Гамбург	['ɦamburɦ]
Hanói	Ханой	[ha'nɔj]
Havana	Гавана	[ɦa'vana]
Helsínquia	Хельсінкі	['helʲsinki]
Hiroshima	Хірасіма	[hira'sima]
Hong Kong	Ганконг	[ɦa'nkɔnɦ]
Istambul	Стамбул	[stam'bul]
Jerusalém	Іерусалім	[ierusa'lim]
Kiev	Кіеў	['kiew]
Kuala Lumpur	Куала-Лумпур	[ku'ala lum'pur]
Lisboa	Лісабон	[lisa'bɔn]
Londres	Лондан	['lɔndan]
Los Angeles	Лос-Анжэлес	[lɔ'sanʒɛles]
Lion	Ліён	[liʲon]
Madrid	Мадрыд	[mad'rit]
Marselha	Марсэль	[mar'sɛlʲ]
Miami	Маямі	[maʲami]
Montreal	Манрэаль	[manrɛ'alʲ]
Moscovo	Масква	[mask'va]
Munique	Мюнхен	['munhen]
Nairóbi	Найробі	[naj'rɔbi]
Nápoles	Неапаль	[ne'apalʲ]
Nice	Ніца	['nitsa]
Nova York	Нью-Йорк	[njʉʲork]
Oslo	Осла	['ɔsla]
Ottawa	Атава	[a'tava]
Paris	Парыж	[pa'riʃ]
Pequim	Пекін	[pe'kin]
Praga	Прага	['praɦa]
Rio de Janeiro	Рыо-дэ-Жанейра	['rio dɛ ʒa'nejra]
Roma	Рым	['rim]
São Petersburgo	Санкт-Пецярбург	['sankt petsʲar'burɦ]
Seul	Сеул	[se'ul]
Singapura	Сінгапур	[sinɦa'pur]
Sydney	Сіднэй	[sid'nɛj]
Taipé	Тайбэй	[taj'bɛj]
Tóquio	Токіо	['tɔkiɔ]
Toronto	Таронта	[ta'rɔnta]

Varsóvia	Варшава	[varˈʃava]
Veneza	Венецыя	[veˈnetsʲa]
Viena	Вена	[ˈvena]
Washington	Вашынгтон	[vaʃinɦˈtɔn]
Xangai	Шанхай	[ʃanˈhaj]

www.ingramcontent.com/pod-product-compliance
Lightning Source LLC
Chambersburg PA
CBHW070602050426
42450CB00011B/2952